EVA TWIEL
MIRELLA ZUG

# DER SUPERWOMAN CODE

So findest du den perfekten Lover

Bibliografische Information der Deutschen Nationalbibliothek:
Die Deutsche Nationalbibliothek verzeichnet diese Publikation in der Deutschen
Nationalbibliografie; detaillierte bibliografische Daten sind im Internet über
http://dnb.d-nb.de abrufbar.

Hinweis:
Das Werk einschließlich aller seiner Teile ist urheberrechtlich geschützt. Jede Verwertung außerhalb der Bestimmungen des Urheberrechtsgesetzes ist ohne schriftliche Zustimmung des Verlags unzulässig und strafbar. Dies gilt insbesondere für Vervielfältigungen, Übersetzungen, Mikroverfilmungen und die Einspeicherung und Verarbeitung in elektronischen Systemen.

Alle Angaben erfolgen ohne Gewähr. Weder Autoren noch Verlag können für eventuelle Nachteile oder Schäden, die aus den im Buch vorliegenden Informationen resultieren, eine Haftung übernehmen. Eine Haftung der Autoren bzw. des Verlags und seiner Beauftragten für Personen-, Sach- und Vermögensschäden ist ebenfalls ausgeschlossen.

Markenschutz:
Dieses Buch enthält eingetragene Warenzeichen, Handelsnamen und Gebrauchsmarken. Wenn diese nicht als solche gekennzeichnet sein sollten, so gelten trotzdem die entsprechenden Bestimmungen.

Personenschutz:
Sämtliche Begebenheiten, Orte sowie die vorkommenden Personen wurden zum Schutz aller Beteiligten abgewandelt.

| | |
|---|---|
| 1. Auflage | April 2018 |
| © 2018 | edition riedenburg |
| Verlagsanschrift | Anton-Hochmuth-Straße 8, 5020 Salzburg, Österreich |
| Internet | www.editionriedenburg.at |
| E-Mail | verlag@editionriedenburg.at |
| Lektorat | Lea Lange |
| | |
| Bildnachweis | Fotolia.com: Retro-Tapete © impressed-media.de, Freundliche Emoticons © DigiClack, Emojis © irinastrel123, Cute Icons © treter, Kirschen © yanushkov, sämtliche andere Elemente © ivan mogilevchik |
| | |
| Satz und Layout | edition riedenburg |
| Herstellung | Books on Demand GmbH, Norderstedt |

ISBN 978-3-903085-97-8

# Inhalt

| | |
|---|---|
| Lust auf Bettgeflüster | 7 |
| **Der Superwoman Code** | **9** |
| SMS-Irrläufer | 11 |
| Flirten geht immer | 14 |
| **Die Eigenmarke** | **15** |
| Das Ego preisgeben | 21 |
| Nach dem Superwoman Feeling greifen | 24 |
| Die Superwoman Formel | 29 |
| **Die Online-Jagd** | **32** |
| Portal wählen, Profil anlegen | 33 |
| Online-Suche präzisieren | 34 |
| Mindestanforderungen festlegen | 36 |
| Fake-Profil oder ungeschminkte Wahrheit | 38 |
| Das erste Match | 39 |
| Wein und Käsefondue | 40 |
| Romantikkiste und Gipfelkreuz | 43 |
| Heißes Eisen aus dem Süden | 46 |
| Passende Fotos auswählen | 48 |
| Der erste (Sex-)Chat | 50 |
| Das Date erfolgreich einloggen | 52 |
| Der anonyme Express-F*cker | 53 |
| Männer auf der Jagd | 55 |
| Audioprofiling via Telefon | 56 |
| Die freundliche Abfuhr | 58 |
| **Der Live-Aufriss** | **60** |
| Wingman und Wingwoman | 60 |
| Erfolgreiche Anmache | 62 |
| Pimp yourself | 64 |

| | |
|---|---:|
| Begrüßen und Beschnuppern | 65 |
| Eingrooven | 66 |
| Backup statt Nullrunde | 68 |
| Reißleine ziehen | 69 |
| Abchecken | 72 |
| Safer Sex und Safer Sex-Betrüger | 73 |
| Eisprung-Tabu | 76 |
| Zu dir oder zu mir? | 78 |
| Auf die Plätze, fertig, los | 79 |
| Erotik und Co | 80 |
| Performance | 82 |
| Finito | 84 |
| Auf Wiedersehen?! | 85 |

## Reservelady   87
   Warten für nichts   88
   Aus dem Kopf kriegen   90

## Verlieben? No way!   93
   Neues ist besser   94

## Party-Blues   96

## Blessuren und Pannen   98
   Wieder aufs Pferd steigen   100

## Lachnummern   102

## Ahs und Ohs   105
   Popospiele   108

## Unverhofftes Wiedersehen   110
   In Luft auflösen   113

## Abtörnend   115
   Klebi-Männer   116

## Die Liga der Halbwahrheiten — 119
Durststrecke — 121

## Der stabile Lover — 122

## Frauenpower — 124

## Magische Momente — 126

## Solonummer — 128

## Altogether — 130

## Unsere Zeros — 132
Der Macho — 133
Der Zombie — 134
Der Heiratsschwindler — 135
Der Abschlepper — 136
Der Stripper — 137
Der Serienjunkie — 138
Der Riese — 139
Der Hartnäckige — 140
Der Harte — 141
Der Ferngesteuerte — 142
Der Türsteher — 143
Der Cyber-Lover — 144

## Unsere Heroes — 145
Der Glorifizierer — 146
Der Entschlossene — 147
Der Masseur — 148
Der Geschmeidige — 149
Der Rennradfahrer — 150
Der Vergebene — 151
Der Hollywood-Bolide — 152
Der Skilehrer — 153
Der Tarzan — 154

Der Jüngling ... 155
Der Smarte ... 156
Der Mister Amore ... 157
Der Wikinger ... 158
Der Stierkämpfer ... 159
Der Paletten-Pauli ... 160
Der Herzschmerz-Verursacher ... 161
Der Sixpack-Ken ... 162

# Über den Tellerrand schauen ... 163
Let us delete this app together ... 164

# Küsse und Ergüsse ... 167

# Und wie ging es weiter? ... 172

# Stechwortregister ... 174

# Von der Jagd zur Beute ... 183
Dein Superwoman Feeling ... 184
Deine Mindestanforderungen ... 185
Deine Ziele ... 186
Dein Anti-Party-Blues-Programm ... 187
Dein Anti-Herzschmerz-Programm ... 187
Dein Applaus ... 188
Deine Highlights ... 189

# Deine Heroes ... 191

# Deine Zeros ... 193
Ausfüllanleitung ... 194

# Making of ... 215

# Lust auf Bettgeflüster

Du bist Single oder hast mit deinem Partner ein besonderes Arrangement? Dir fehlt Bettgeflüster mit einem echten Mann zum Anfassen, Küssen und Sex? Wenn du auf regelmäßiges, selbstbestimmtes Lusterleben gepolt bist, pflegst du deine Libido. Natürlich sind Abstinenz und Sex mit sich selbst immer die sicherste Variante in Anbetracht schlimmer Krankheiten, die du dir für ein bisschen Spaß holen kannst. Schwanger werden kannst du durch Selbstbefriedigung auch nicht, und Liebeskummer mit dir selbst ist ebenfalls ein Fremdwort. Doch wer ständig die Gefahr fürchtet, schneidet sich von dem ab, was nach dem Tod fehlt: dem Leben.

Leben heißt auch Abenteuer. Neues wagen bedeutet, dass – anders als im Zirkus – kein Sicherheitsnetz auf dich wartet. Daher lautet die Gretchenfrage: Willst du anziehenden Männern durch die Haare wuscheln, das Leben in dir pulsieren spüren und mit ein bisschen Party-Blues zurechtkommen lernen? Oder hast du Angst davor, dich zu sehr in Gefühle zu verstricken und beim smarten Typen an der Bar auf einen echten Schurken zu treffen? Du hast die Wahl, für welche der beiden Lebens- und Liebesvarianten du dich entscheidest. Was willst du also: Dich lebendig oder wie ein Zombie fühlen?

Unsere Entscheidung war ganz einfach: Wir hatten genug von dem, was wir kannten. Genug vom xten Krimilesen im Bett oder Sich-alleine-im-Seidenlaken-Wälzen. Wir wollten wieder echte Männer an und in uns spüren. Und vor allem solche, die wir noch nicht kannten. Auch fühlten wir uns zu jung, um so weiter zu leben wie bisher.

Männer haben uns schon immer sehr gut gefallen und ein wenig durchgeknallt sind wir auch. Daher machten wir eindeutige Planänderungen zu früher. Damals, in unserem alten Leben, haben wir gewartet, ob sich zufällig etwas ergibt, und sind dann meist alleine und frustriert nach Hause gegangen. Von dort aus wurde die Freundin angesimst und angejammert: „Pleite! Bei dir auch?" „Ja, voll der Mist, Nullrunde."

Früher, da glaubten wir noch an den Märchenprinzen, den Traummann, den Superhelden. An den one and only Mr. Right, an dessen Seite alles besser wäre. An den allereinzigen, mit dem wir sexuell befriedigt, glücklich und im Traumhaus bis an unser Lebensende zusammen sein würden. Doch das Mamasein hat unsere Sichtweise gründlich geschärft. Für uns reife Mütter zählen nicht mehr akademische Bildung und Kontostand, sondern simpel definierte Mindestanforderungen an den Flirtkandidaten, Schmusebären und Sexpartner in spe. Körpergröße, Geruch, Form der Hände – um nur einige zu nennen. „Frauen ab 30 sind ja so was von geil", sagte uns neulich ein gemeinsamer Bekannter. Und wusste gar nicht, wie recht er damit hat. Seit die Kindermachphase nämlich abgeschlossen ist und wir keinen Befruchter mehr suchen, sind unser Selbstbewusstsein und unsere Entschlossenheit ins Unermessliche gewachsen.

Den perfekten Lover für die perfekte Nacht zu casten ist jetzt unser Ding. Dabei sind wir flexibel, wandlungsfähig, schlagfertig und stehen zu unserem Körper. Was der einen Freundin männermäßig nicht passt, wird an die andere weitergegeben. Wir sind gefestigt vom Leben und fokussiert wie eine Löwin. Mit einem Wort: Wir sind auf der Jagd. Mal mit Stil, mal etwas stolpernd. Mal online im Internet, mal offline in der Lieblingsbar, dem Lieblingsclub und angesagten Locations. Dafür meist mit unschlagbarer Trefferquote. Denn auf den Output kommt es an.

Natürlich haben wir uns zu Beginn unseres Beutezuges gefragt, ob unser Verhalten moralisch korrekt und unserem Alter, Beruf und unserer spießigen Herkunft entsprechend ist. Doch Zweifel und Ängste blockieren die sexuelle Energie und somit die Attraktivität. Schließlich zahlen uns die ebenfalls spießigen Nachbarn kein Geld dafür, dass wir zu all den hübschen, gestählten, athletischen, smarten, heißen, lässigen Männern, die ein Auge auf uns geworfen haben, „Nein danke!" sagen und frustriert alleine nach Hause gehen.

Denk dran: Fürs Bettgeflüster braucht es mindestens zwei. Und wenn du eine Nacht viel davon bekommen hast, leidest du in der darauffolgenden bestimmt nicht unter Ein- und Durchschlafstörungen. Es sei denn, es gab einen Zwischenfall. Doch dazu kommen wir später.

Wer wir sind?

Eva, 35. Ehrliche 38. Gefakte 27 bis 35, je nach Wirkung der Gesichtsmaske, Stress in der Arbeit oder Kummer mit dem Ex-Lover.

Mirella, 38. Ehrliche 43. Gefakte 31 bis 38, je nach Schlafmangel, Wetter und Zyklusphase.

# Der Superwoman Code

Klar, wir sind genau wie du schon im Dornröschenschlaf-Modus durch unser Leben gerobotet und haben megaviel Sternstundenzeit liegengelassen. Genug davon, fanden wir. Deshalb ist der Superwoman Code zu unserem Mantra geworden. Natürlich fiel er uns nicht in den Schoß. Nein, wir haben ihn peu a peu entdeckt, an uns selbst ausprobiert und perfektioniert.

Wie ein Zehntonner, der durchs Gemüsebeet fährt, hat der Superwoman Code unser Leben schlagartig verändert. Die Lebensachse nach dem Superwoman Code auszurichten, brachte vor allem eines: unendlich viel Spaß und echte Lebensfreude. Beide lassen uns strahlen und glitzern wie die Mähne eines Einhorns. Auch du kannst mit dem Superwoman Code neuen Glanz in dein Leben zaubern. Damit du ihn nicht aufwändig entziffern musst, verraten wir ihn dir ganz heimlich. Für Express-Leserinnen sind diese fünf Punkte relevant.

Die Superwoman Code-Hitliste:

1. **Definiere deine Eigenmarke.**
2. **Aktiviere dein Superwoman Feeling.**
3. **Lege dein Beuteschema und deine Mindestanforderungen fest.**
4. **Umgib dich mit Frauenpower und einer Partyfreundin.**
5. **Vertraue deinem Instinkt.**

Voilà. Das ist die Basis für unglaublich viel Spaß in deinem Leben. Wenn du ausreichend Zeit hast, bevor du auf die Pirsch gehst, groove dich kapitelweise auf den Superwoman Code ein. Schließlich braucht es noch ein paar gewisse Extras, um nicht nur irgendeinen, sondern den perfekten Lover für den gewissen Moment zu finden. Denn das ist es ja, was dein Herz begehrt.

Damit du rasch rankommst an den Speck – oder besser gesagt: den Sixpack –, werden wir dir unverblümt von unseren Erlebnissen mit muckibepackten Prachtkerlen und superschlauen Füchsen erzählen. Weil nicht nur Erfahrung, sondern auch ausgetestete Abschleppseile Gold wert sind, teilen wir unsere Begegnungen mit dir. Wir leiten dich profund durch das Online- und Offline-Casting und verraten dir, wie Heroes beschaffen sind und du Ahs und Ohs für dich verbuchen kannst. Auch sagen wir dir, wann Ende im Gelände ist und du dir eine Solonummer verordnen solltest.

20 praxiserprobte Tipps warten für Express-Leserinnen auf sofortige Anwendung, und mit unserem Stechwortregister behältst du im Dating-Dschungel stets den Überblick.

Ob du mit diesem Buch Mr. Right für eine ernsthafte Beziehung findest, wissen wir natürlich nicht. Doch bald schon beherrschst du den Superwoman Code. Damit kannst du deine persönliche Sexpertise erweitern, wenn du dich traust, das eine oder andere online oder offline auszuprobieren.

„So what?", denkst du dir und pfeifst lieber auf all unsere erfahrungsbasierten Tipps? Selbst dann hilft dir dieses Buch herauszufinden, von welchen Aktionen und Nullnummern du lieber verschont bleiben möchtest. Bleib dir selbst im Jagd-Modus treu und mach dein eigenes Ding.

Hast du Lust auf nachhaltige Erinnerungen, die du später den Damen im Seniorenheim erzählen kannst? Dann schreibe deine Erfahrungen nieder. Dafür haben wir dir Platz am Ende dieses Buches reserviert.

Ob du deine erste neue Erfahrung online oder offline haben wirst, wissen wir natürlich nicht. Vielleicht kommt dir auch ein SMS-Irrläufer ins Haus geflattert. Ungewollt, unerwartet. Ganz rasch kann sich ein solches Gespräch zuspitzen, dabei hattest du gerade total andere Sachen vor und so gar keinen Gedanken an ... SEX!

# SMS-Irrläufer

Er: Hallo Markus! Ich bin heute in Hamburg, Dachterrasse Luxushotel. Tolle Aussicht. Was machst du? Viele Grüße, Stefan

Wir: Hallo Stefan. Hier nicht Markus. Hier Bremen, 170, weiblich, blond.

Er: Oh sorry, ich hatte einen Nummerndreher. Wie ist das Wetter in Bremen?

Wir: Immer gut, danke. Wie ist es in Hamburg?

Er: Sonnenschein. Hatte ein tolles Essen.

Wir: Fein, klingt gut. Es ist ja so heiß bei uns auch.

Er: Hm, könnte man ins Bad gehen, oder?

Wir: Ja, könnte man.

Er: Was hast du an?

Wir: Ganz normal. Bequem. Bin zu Hause.

Er: Und drunter?

Wir: Auch bequem ☺.

Er: Erzähl mal, interessiert mich.

Wir: Ok, oben brav, unten heiß.

Er: Morgen 14 Uhr, Saunalandschaft Goldstar.

Wir: Moment mal, das geht mir jetzt aber zu schnell!

Er: Warum? Du bist heiß.

Wir: Ehm, ich bin Mama und ... muss jetzt arbeiten.

Er: Ich komm von hinten an dich ran. Dann zieh ich dir deinen kurzen Rock hoch und nehm dich ganz hart von hinten.

Wir: Du, es klingelt an der Tür. Meine Tochter kommt heim.

Er: Schreib dir morgen wieder. Kisses.

[tags darauf]

Er: Hey. Gut geschlafen?

Wir: Ah du ☺ Danke, ja.

Er: Was trägst du drunter?

Wir: Nichts. Es ist so heiß.

Er: Wow, komm schon. Fass meinen harten Prügel an. Er ist bereit.

Wir: Mmmmmhhhh, das fühlt sich gut an.

Er: Ich ziehe deine Pobacken auseinander und stecke dir einen Finger in die Lustgrotte.

Wir: Lieber zwei Finger ...

Er: Und einen in den Po.

Wir: Ja, das mag ich.

*Er: Und dann drill ich dich so lange mit den Fingern, bis du das erste Mal kommst.*

*Wir: Ich bin schon ganz nass ... Und muss kochen fürs Mittagessen.*

*Er: Setz dich auf die Küchenplatte. Jetzt schieb ich dir meine 18 steifen Zentimeter vorne rein.*

*Wir: Wow!*

*Er: Ich pack dich an den Hüften und hämmer ihn dir ganz tief rein, bis du schreist.*

*Wir: Kann hier nicht schreien. Ein Kind ist nebenan.*

*Er: Jetzt kommst du das zweite Mal. Ich stoß dich so gut, bis du vibrierst.*

*Wir: Das ist guuut. Puh.*

*Er: Komm, mach's mir mit dem Mund. Und dann setz dich auf mich drauf. Ich nehm dich von hinten nochmal im Stehen. Wow, du bist so unglaublich sexy.*

Diese scharfen Kurznachrichten waren der Beginn von unendlich vielen heißen Affären. Zwar nicht mit „Stefan", aber mit seinen Artgenossen. Denn zum Glück gibt es sie noch: Männer, die online wie offline anbaggern und angebaggert werden wollen und nicht hinter jeder Frau eine Anwältin vermuten, die sie wegen unerlaubter Belästigung vor Gericht bringen will.

　　Ja, wir können auch „Nein" sagen. Auch benötigen wir vorher kein schriftliches Einverständnis zum gemeinsamen Heißwerden. Doch wie kommt es überhaupt dazu?

# Flirten geht immer

Früher, als in den Öffis das Leuteschauen noch angesagt war, gab es morgens bereits die erste Gelegenheit zum Flirten. Später dann beim Bäcker, beim Portier, mittags in der Kantine oder mit dem Typen aus der anderen Abteilung. Nachmittags im Supermarkt und abends im Gastgarten oder mit dem Nachbarn.

Doch wo sind die geilen Flirtzeiten hin? Irgendwie haben sich die während unserer Beziehungsjahre ziemlich drastisch verändert. So weit das Auge reicht, überall nur Smartphone-Zombies, die lieber in einem virtuellen Portal Schnecken checken als den Kopf zu heben und live Ausschau zu halten. Irgendwie ist es passiert, dass wir uns wie alle verhalten haben: virtuell, unmündig und unsexy.

Bis zu dem Tag, an dem wir uns fürs Jagen entschieden haben. Seither flirten wir wieder mit dem Hausmeister, dem Optiker und dem Postboten. Kurz gesagt mit jenen Männern, die wir mehr als einmal sehen und die uns auch in wenig repräsentativen Momenten antreffen. Doch das Flirten neun Uhr morgens im ungepimpten Originalzustand muss geübt sein. Hier geht es nicht um aufgeklebte Wimpern, Smokey Eyes und Busenblitzer, sondern darum, lächelnd und mit Funkeln in den Augen zu vermitteln, dass man sich selbst gut leiden kann und das Leben genießt. Und natürlich darum, dem Gegenüber – wenngleich manchmal nur kurz – ungeteilte Aufmerksamkeit zu schenken. Ungeteilt, also ohne Smartphone in der Hand. Und dann ist es wie beim Ping-Pong, der Ball kommt zurück und du kannst weiterspielen.

Den anderen wahrzunehmen, sich für ihn zu interessieren – und das oft ohne Worte – ist leicht und schwer zugleich. Sei sicher: Sobald du einmal damit begonnen hast, fällt es dir von Mal zu Mal leichter. Unabhängig von Figur und Augenringen wirst du einen interessierten Blick oder ein keckes Lächeln ernten.

**Unser Tipp**: Baue das Flirten in deinen Alltag ein. Mach es in der richtigen Dosis und du wirst sehen, was das mit dir und deinem Selbstbild anstellt. Wetten, dass du dich wohler und attraktiver fühlen wirst? Dadurch wirst du lockerer und wortgewandter in Situationen, wo es gut wäre, wortgewandt zu sein.

# Die Eigenmarke

Mit ein bisschen Übung im Flirten wirst du mehr Wert auf dein Äußeres legen. Verabschiede dich von Zeiten, in denen du abgenudelte Pyjamas getragen, deine Augenbrauen nicht fassoniert und wahllos unattraktive Shirts und Jeans aus dem Kleiderkasten gepickt hast. Wenn es dir dein Lebensstil erlaubt, leiste dir eine Farb- und Stilberatung. Wenn du einmal weißt, was dir steht und wie du deinen Typ zur Geltung bringen kannst, ist es egal, ob du auf schicki-micki oder sportlich machst. Was zählt, ist das perfekte Kleidungsmatch zu finden. Kleider machen Leute, und in Kleidung, in der du dich pudelwohl fühlst und noch dazu blendend aussiehst, fällt das Flirten deutlich leichter und die Resonanz ist wesentlich größer.

Abgesehen vom Äußeren gilt: Überlege dir, was deine Stärken sind, welche Eigenschaften du an dir magst, welche Hürden du bereits gemeistert hast und wie deine Lebensgeschichte gestrickt ist. Das Leben ist eine ständige Rechnerei, weil sich (wunder-)schöne und schmerzliche Erlebnisse aneinanderreihen. Hast du einen Weg für dich gefunden, mit den Minus-Erlebnissen klarzukommen, und weißt du, wie es geht, Plus-Erlebnisse zu sammeln und diese auch zu schätzen, dann wirst du dich ausgeglichener und zufriedener fühlen. Frauen, die massig Probleme ausdünsten statt verführerisch zu riechen, ziehen entweder Männer in einer ähnlichen Lebenslage an oder werden von ihren Favourites gekonnt ignoriert.

**Dein Fragebogen für durch und durch positive Veränderungen**

---

Diese bisherigen Erlebnisse zählen zu den
absoluten Highlights deines Lebens:

---

---

Diese Highlights haben dich und dein Leben in dieser Art verändert:

---

Diese Fähigkeiten haben dir dabei geholfen,
absolute Top-Erlebnisse zu erfahren:

---

Diese Stärken von dir hast du dabei entdeckt:

---

Das alles soll in deinem Leben unbedingt so bleiben, wie es ist:

---

---

Diese Situationen / Dinge / Personen bereiten
dir außergewöhnlich viel Freude:

---

Das möchtest du noch zum Positiven verändern:

---

Dafür wären diese guten Veränderungen nützlich:

---

Mit diesen kleinen Schritten kannst du schon heute
deinen Veränderungswünschen näherkommen:

---

Daran würden andere deine positiven Veränderungen erkennen:

---

Stoppe deine negativen Gedanken oder – noch besser – streiche sie gänzlich aus deinem Kopf. Denn ehrlich: Haben Sätze wie „Ich bin zu dick", „Ich bin nicht mehr 25", „Meine Sectio-Narbe ist noch zu sehen" oder „Meine Zähne sind schief" jemals auch nur einen Funken dazu beigetragen, dass du dich besser fühlst? Die Antwort lautet: Nein. Solche Sätze machen dich klein, unsicher und lassen dich verzagen.

Ersetze deine Ungutsätze daher unbedingt und unverzüglich durch andere, wie z.B. „Ich habe wunderschöne Brüste", „Ich bin eine Heldin des Alltags", „Ich habe Energie wie ein Superakkuhäschen", „Meine Beine sind sexy" oder „Ich bin eine starke und kluge Frau".

Finde für jeden miesen Satz über dich selbst mindestens einen besseren. Lasse deine neuen Superwoman Sätze am besten „Ich bin eine Superwoman, weil ich ..." lauten und füge ein durch und durch positives Eigenschaftswort ein.

Dein Superwoman Selbstbestärkungssatz lautet dann zum Beispiel: „Ich bin eine Superwoman, weil ich schlau bin."

---

Überlege dir nun, welche Persönlichkeitsmerkmale typisch für dich sind. Deinen Charakter sollst du mindestens genauso gut kennen wie deine BH-Größe, die Nummer deines Lieblingslippenstiftes und den aktuellen Tag in deinem Zyklus.

---

Überlege dir sieben Merkmale, die deine Zuckerseiten beschreiben.

---

Nun widme dich den auf den ersten Blick weniger rühmlichen Eigenschaften. Zähle drei bis fünf davon auf. Falls dir keine einfallen, überlege dir, welche deiner Eigenheiten die beste Freundin oder deine Arbeitskollegen meistens auf die Palme bringen. Sei dir sicher: Auch diese Eigenschaften haben ihren Sinn! Deute sie positiv um, indem du dir überlegst, in welchem Kontext sie wiederum eine Stärke von dir sein können.

Zum Beispiel: Die Aussage „Ich bin eine Heulsuse" klingt zuerst nach einer ungünstigen Eigenschaft, die Schwäche suggeriert. In einen positiven Rahmen gesetzt kann diese Eigenschaft jedoch auch Folgendes heißen: „Ich bin ein sehr feinfühliger Mensch."

---

Drei bis fünf weniger rühmliche Eigenschaften
an dir und ihre positive Umdeutung:

| | |
|---|---|
| 1 | |
| 2 | |
| 3 | |
| 4 | |
| 5 | |

Bist du eher offen für neue Abenteuer und Erfahrungen, wissbegierig, zuverlässig, emotional ausgeglichen, zufrieden, entspannt, gesellig, optimistisch, empathisch und bevorzugst du ein Miteinander statt Egoaktionen, wirst du leichter männlichen Anschluss finden und beim Flirten überzeugen. Noch dazu, wenn du humorvoll, wortgewandt und freundlich bist und sich Menschen in deiner Gegenwart rasch wohlfühlen. Im Gespräch merkst du das, wenn dein Gegenüber dich anlächelt, dich direkt anschaut, eine offene Körperhaltung einnimmt und überrascht ist, wie die Zeit mit dir im Flug vergeht.

Wenn dich die Geschichte mit deinem Ex oder eine andere miese Erfahrung noch nicht locker genug sein lässt, kümmere dich zuerst um die Lösung dieser Probleme, bevor du dir einen Lover suchst. Du könntest dir sonst eine unnötige Abfuhr holen, und darauf kannst du ganz sicher verzichten. Schließlich willst du mit einem Lover im Bett landen und wunderschöne Momente mit vielen Knister-Vibes in die Schatzkiste deiner Erinnerungen aufnehmen.

Bist du eher pessimistisch gestimmt, unsicher und ängstlich, dann sind das ebenso ungünstige Startbedingungen, um den perfekten Lover zu finden. Du würdest ja auch nicht probieren, ohne Schlittschuhe eiszulaufen. Daher gilt: Probleme sind vordringlich zu lösen oder auf eine verträgliche Größe zu schrumpfen. Unliebsame Eigenschaften kannst du dir mit der Lupe und auch mit professioneller Unterstützung anschauen und verändern.

**Unser Tipp:** Es ist wichtig zu wissen, wie du tickst! Deine Persönlichkeit und Problem(schief)lage beeinflusst nämlich deinen Erfolg beim Jagdverhalten. Männer stehen auf selbstbewusste, emotional unabhängige Frauen statt auf Weibchen der Marke Jammerliese.

# Das Ego preisgeben

Nun, da du so viel über dich weißt, stellt sich die Frage: Wie viel Offenheit sollst du im Erstkontakt mit einem Mann walten lassen und wie viel ehrliche Emotion ist in Stunde Null angebracht?

Sei zu Beginn besonders vorsichtig, du könntest nämlich an (schamlose) Betrüger geraten. Trage dein Innerstes deshalb nicht von Anfang an nach außen.

**Für einen ersten Kontakt reicht es, wenn du folgende Dinge über dich preisgibst:**

---

Dein Lieblingsgetränk:

---

Deine Lieblingsband:

---

Dein Lieblingssport:

---

Dein Lieblingshobby:

---

Dein Lieblingsfilm:

---

Dein Lieblingsbuch:

---

Drei Dinge, die dir tierisch auf die Nerven gehen:

1
2
3

Drei Dinge, die du unbedingt in den nächsten fünf Jahren erleben willst:

1
2
3

Drei Dinge, die dich zum Lachen bringen:

1
2
3

„Reden ist Silber, Schweigen ist Gold". Nach dieser Redensart sollst du definitiv beim ersten Date darüber schweigen:

- **Deinen Beziehungsstatus:** Ob du (un)freiwillig Single bist oder schon mal mit Mr. Right auf Zeit zusammen warst.

- **Deine Marotten:** Ob du eine Vollblut-Chaostante oder penible Ordnungshüterin bist.

- **Deine sexuellen Vorlieben:** Ob du auf das Standard-Repertoire oder ausgefallene Konstellationen und Praktiken stehst.

- **Deine finanzielle Situation:** Ob du so reich wie Dagobert Duck oder so arm wie eine Kirchenmaus bist.

- **Deine Herkunftsfamilie:** Ob du ein inniges oder eisiges Verhältnis hast.

- **Deine Vorstellung von Partnerschaft:** Ob du Monogamie mit oder ohne Ehering oder gar Polyamorie bevorzugst.

- **Deine Probleme:** Ob das Wehwehchen- und Problembarometer im grünen oder im roten Bereich liegt.

Schärfe also dein Profil. Du hast Ecken und Kanten, du bist lebendig, und wenn dir etwas an dir nicht gefällt, akzeptiere es – oder ändere es. Ganz einfach!

**Unser Tipp:** Überlege dir deine Antworten auf diese Fragen. So kommst du einerseits unaufgeregt rüber und sorgst andererseits dafür, keine ungewollten Details aus dem Nähkästchen zu plaudern. Sollte dir dein Gegenüber über längere Zeit hinweg sympathisch sein, kannst du später immer noch nachlegen und offener Auskünfte geben.

# Nach dem Superwoman Feeling greifen

Das Superwoman Feeling ist eine ganz individuelle Sache. Und doch kennt jede Frau dieses bestimmte, hervorragende Gefühl. Es kommt nur dann zu dir und in dich, wenn du dich selbstbewusst und begehrenswert fühlst. Daher ist es essenziell, dass du dich emotional ausgeglichen und pudelwohl in deinem Körper fühlst. Denn er ist der Teller, auf dem das Superwoman Feeling serviert wird.

Einfach mit dem Finger schnippen und sich eine Portion Superwoman Feeling wünschen, geht nicht. Du musst dafür schon etwas tun. Deine Brötchen verdienst du immerhin auch mit Aufstehen, Denken und dem Erledigen wichtiger Dinge.

Beim Superwoman Feeling ist es ähnlich: Es braucht bestimmte Bedingungen, um seine Magie zu entfalten. Finde heraus, wann und wodurch du dich emotional in Balance, pudelwohl, selbstbewusst und begehrenswert findest. Unsere Fragen helfen dir dabei.

**Bedingung 1: Sich emotional in Balance fühlen:**

------------------------------------------------

Wann hast du dich zuletzt emotional ausgeglichen gefühlt?


------------------------------------------------

Wie stark war das Gefühl auf einer Skala von
0 bis 10? (0 = gar nicht, 10 = absolut)


------------------------------------------------

Welche Situation war das?


------------------------------------------------

Was ist dieser Situation vorausgegangen?


------------------------------------------------

Welche anderen schönen Gefühle sind dabei aktiviert worden?

Wie hat das dein Denken, Fühlen, Handeln verändert?

Was hast du Positives erlebt in der Zeit, als du dich emotional ausgeglichen gefühlt hast?

Wie lange hast du dir das Gefühl, emotional ausgeglichen zu sein, bewahren können?

**Bedingung 2: Sich pudelwohl im eigenen Körper fühlen:**

Was spürst du, wenn du dich pudelwohl fühlst?

Was gefällt dir dann optisch an dir?

Fühlst du dich in pudelwohlen Zeiten besonders gesund?

------

Wie sieht dann deine Haut aus?

------

Wie steht es um deine Haare und Frisur?

------

Welche Frisur spiegelt dein gutes Gefühl?

------

Welche Jeans, Röcke, Schuhe trägst du
gerne, wenn alles rundum stimmt?

------

Wie schminkst du dich dann?

------

Welcher Sport hilft dir, damit du dich pudelwohl fühlst?

------

Was denkst du in diesen „Ich-fühle-mich-pudelwohl"-
Momenten / Stunden / Tagen über dich?

------

Wie reagieren deine Arbeitskollegen, Freunde oder der Händler ums Eck dann auf dich?

------

Was tust du, damit das Pudelwohl-Gefühl möglichst lange anhält?

------

## Bedingung 3: Sich selbstbewusst fühlen:

Was braucht es, damit du dich selbstbewusst fühlst?

Woran merkst du, dass du dich selbstbewusst fühlst?

Woran erkennen andere, dass du im selbstbewussten Status angekommen bist?

In welchen Momenten / Stunden fühlst du dich besonders selbstbewusst?

Was sagst du dann zu deinem Spiegelbild?

Was strahlst du aus, wenn du dich so fühlst?

Welche Dinge traust du dir dann mehr zu?

Was alles fällt dir leichter?

Welches schöne Erlebnis ist dir besonders in Erinnerung, das du deiner richtigen Portion Selbstbewusstsein zu verdanken hast?

## Bedingung 4: Sich begehrenswert fühlen:

Was strahlst du aus, wenn du dich begehrenswert fühlst?

Wie fühlst du dich dabei innerlich?

Wie denkst du in diesem Zustand über dich?

Welche Kleidung bevorzugst du?

Welche Gesellschaft trägt dazu bei, dass du dich begehrenswert fühlst?

Wie muss die Umgebung sein, damit du dich begehrenswert fühlst?

Welche zuletzt gemachte Erfahrung hat dich begehrenswert beflügelt?

Was machst du alles anders, wenn du dich begehrenswert fühlst?

# Die Superwoman Formel

Ja, eine Superwoman zu sein ist ein bisschen wie Mathematik. Die erotische Formel für das Superwoman Feeling lässt sich auf folgende Komponenten reduzieren:

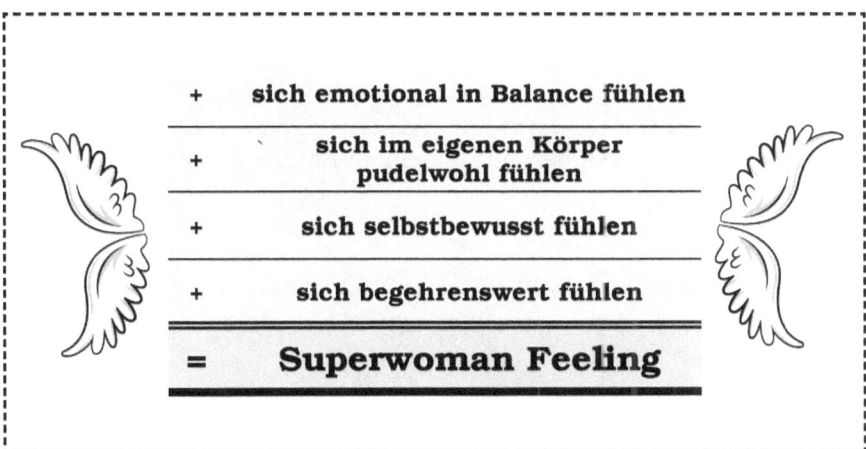

Finde nun heraus, wie stark welche der obigen Komponenten ausgeprägt sein muss, damit dein persönliches Superwoman Feeling bei stolzen 100 Prozent liegt!

Es kann sein, dass du dich primär in deinem Körper wohlfühlen und sehr selbstbewusst erleben willst, während die emotionale Ausgeglichenheit für dich weniger zählt. Wenn du weißt, wo dein persönlicher Schwerpunkt liegt, kannst du gezielt an ihm arbeiten.

Natürlich beschreiben 100 Prozent Superwoman Feeling den Idealzustand. Bleib realistisch und stelle keine überzogenen Erwartungen an dich, denn auch mit 80 Prozent kannst du unglaublich erfolgreich sein.

**Stell dir vor, wie dich dein Auserwählter wahrnehmen könnte. Woran erkennt er, dass ...**

------------------------------------------------------------

du dich emotional in Balance fühlst?


------------------------------------------------------------

du dich pudelwohl in deinem Körper fühlst?


------------------------------------------------------------

du dich selbstbewusst fühlst?


------------------------------------------------------------

du dich begehrenswert fühlst?



------------------------------------------------------------

Deine Haltung, dein Blick und was und vor allem wie du etwas mit deiner Stimme formulierst, machen den Unterschied in deinem Gesamtauftritt. Finde heraus, an welchen äußeren und inneren Attributen dein Auserwählter an dir Gefallen findet. Ist es das Superwoman Feeling, das ihn andocken lässt, dein Charme, dein Humor, deine Wortgewandtheit – oder vielleicht etwas ganz anders?

Das Superwoman Feeling kommt – wie du schon bemerkt hast – nur, wenn die Basis stimmt. Miese Laune-Tage sind deshalb definitiv Anti-Superwoman Feeling-Tage. Kein Grund, sich die Bettdecke über den Kopf zu ziehen und sich damit zufrieden zu geben! Du kannst solche Zeiten bewusst stoppen und dir zumindest eine oder beide Grundzutaten vom Superwoman Feeling holen.

**Frage dich an Anti-Tagen die folgenden beiden Dinge:**

------------------------------------------------------------

Was brauchst du, um dich in deinem Körper deutlich wohler zu fühlen?

------------------------------------------------------------

Was könnte dein Selbstbewusstsein prompt wachsen oder in die Höhe schnellen lassen?

------------------------------------------------------------

Wir schwören auf ein Ganzkörper-Verwöhn-Programm, bestehend aus Sport, Wohlfühl-Gesichtsmasken und Haut-Selbstmassage, Tapetenwechsel und angenehme Gespräche.

**Unser Tipp**: Frauen, die ihr Superwoman Feeling aktiviert haben, kriegen leichter das, was sie wollen. Jede Menge Spaß – und obendrauf noch einen Lover.

# Die Online-Jagd

Möglicherweise zählst du keine unverschämten 20 Lenze mehr und fühlst dich statt begehrenswert eher als Ramschware am Sekundärmarkt.

Doch hey, heutzutage wird mit Schrott oft mehr Geld verdient als mit Neuware! Sei daher selbstbewusst und stelle fest: „Ich bin Güteklasse A!" Frauen von der alten Schule, so wie du, haben kein eingebautes Verfallsdatum. Bei dir bricht nach 200 Mal Einschalten nicht gezielt ein Schalter ab. Du hältst durch, und das wird dein Lover zu spüren bekommen.

Bist du dennoch unsicher, wie du bei Männern ankommst? Hast du Sorge, den sexy Typen nicht so gut zu gefallen wie die stets gepimpte Kollegin, die mit ihren Stöckelschuhen schon aus 100 Metern Distanz zu hören ist? Scheißt der Hund drauf, wie es so schön heißt. Jede Frau wird zu jedem Zeitpunkt ihres Lebens von mindestens einem Mann umschwärmt. Das hat uns ein erfahrener Frauenkenner erzählt, und der muss es schließlich wissen.

Poliere deshalb dein Ego auf, indem du deine Attraktivität überprüfst. Und zwar von einer völlig ungefährlichen Position aus. Nämlich online. In den Tiefen des Internets kannst du deine Ängste getrost über Bord werfen und Anerkennung für Haare, Gesicht, Augen und Figur ernten, ohne dass die Komplimente durch andere Qualitäten – wie zum Beispiel dein Organisationstalent, deine Stressresistenz oder deine Singstimme – verfälscht werden. Elektronisches Feedback ist für dein Ego das, was ein Vitamin-C-Booster für deine Haut ist: ein Turbo-Booster! Männer kennen den feinen Unterschied zwischen retuschierten Plakat-Models und echten Frauenkörpern, auch wenn sie ein Pin-Up garantiert nicht von der Bettkante stoßen würden.

**Unser Tipp**: Hör auf zu zweifeln, mache ein vielversprechendes, cleveres Bild von dir und hole dir die testosterongesteuerte Außensicht ein. Du wirst sehen, die Resonanz ist prickelnd und vielversprechend.

# Portal wählen, Profil anlegen

Jagen war noch nie so einfach wie in Zeiten des Internets. PC, Tablet oder Smartphone an, und schon kann's losgehen.

Für die Online-Jagd brauchst du ein passendes Profil. Das heißt, du solltest dich so darstellen, wie du wahrgenommen werden möchtest. Informiere dich außerdem diskret darüber, wofür welches Portal in deiner Stadt steht. Nicht jede Dating-Plattform ist zum Einsteigen und Probefahren gedacht. Denn bei manchen geht es ganz schnell und ausschließlich um viel nackte Haut und Sex-Dates.

Bevor du loslegst, überlege dir ein Pseudonym. Mache von dir hübsche Selfies oder bitte deine Freundin darum. Vermeide es, die Fotos zu offensichtlich zu retuschieren. Das wirkt unecht und so, als ob du etwas zu verstecken hättest. Schüttle stattdessen dein Unbehagen ab und schieße Porträt- und Ganzkörperfotos von etwas weiter weg.

Männer wollen sich die Puzzle-Teile von dir selber zusammenbasteln. Dazu benötigen sie Gesicht und etwas Körper. Schließlich machen sie auch unliebsame Erfahrungen mit Fake-Profilen oder attraktiven Frauen mit Kurven, die sich später als 190-Kilo-Bomber herausstellen.

Fotografiere dich nicht von der Seite, denn das hinterlässt den Eindruck, als würdest du dein Bäuchlein kaschieren wollen. Und selbst wenn sie schön prall und so appetitlich wie reife Äpfel sind: Präsentiere im öffentlich sichtbaren Profil besser nicht deine Brüste. Denk daran, es könnte dich jemand erkennen, von dem du nicht möchtest, dass er dich halbnackt sieht. Deshalb solltest du dich immer fragen, ob es ok oder höchst peinlich wäre, dein Profil in der Zeitung abgedruckt zu finden.

Falls du zu Beginn noch sehr schüchtern bist und lieber mit einem Foto starten möchtest, auf dem du Sonnenbrille oder Mütze trägst, sei dir gewiss: Die einen finden das mystisch, die anderen doof und wieder andere bringt es auf die Idee, du würdest auf das volle Erotik-Programm stehen. Kleb dir also nichts vors Gesicht oder auf den Kopf, sondern sei besser mutig und steh zu dir und deiner Online-Suche.

Sollten deine Arbeitskollegen noch nichts von deinem neuen Beziehungsstatus oder Eheversprechen mit Extra-Arrangement wissen, egal. Du brauchst es ihnen nicht auf die Nase zu binden und neugierige Fragen zu deinem Privatleben müssen sie sich erstmal zu stellen trauen. Natürlich kann geflüstert werden.

Doch sei dir sicher, es ist wie in der Hitparade. Nummer 1 bleibt man selten ewig. Und überhaupt: Woher wissen sie denn von deiner Online-Präsentation, wenn sie nicht selber auf der Suche sind?

Doch gehen wir vorerst einen Schritt zurück. Du hast ein passendes Dating-Portal gefunden, registrierst dich und füllst dein Profil möglichst vollständig aus. Ein leeres Profil vermittelt möglicherweise, dass du nur an Sex-Dates Interesse hast. Außerdem überfordert es den Einfallsreichtum mancher Männer, sich bei fast leeren (Fake-)Lebensläufen einen Eisbrecher aus den Fingern zu saugen. Wenn du dem potenziellen Flirtpartner keinen Stoff gibst, um auf dich aufmerksam zu machen, interessiert dich in weiterer Folge seine unspezifische Anfrage auch nullo. Fazit: Du servierst den Typen trotz seiner Investition in einem Schnellschuss ratz-fatz ab und ihr beide seid frustriert.

Ein schlecht gewartetes oder mager gefüttertes Profil hat die Konsequenz, dass die meisten Typen einfach bloß „Hallo" schreiben. Diese Art der Anmache ist allerdings wenig sexy und absolut verzichtbar.

**Unser Tipp**: Pflege dein Profil. Nicht zu viel und nicht zu wenig. Und lade zumindest ein aktuelles Foto von dir hoch, das dich von deiner Zuckerseite zeigt. Los geht's!

## Online-Suche präzisieren

Die meisten Männer wollen, wie du, sexuell begehrt werden und ergreifen gerne die Gelegenheit, sich als perfekter Lover zu qualifizieren. Denn wie sie ankommen, können sie nur an der sexuellen Resonanz messen. Im Pool der reizvollen Neuerwerbungen hast du somit die Qual der Wahl.

Also musst du wissen, wonach du suchst. Virtuelle Unterhaltung inklusive Sex-Chat, Dick-Pics oder Live-Piep-Show, Dates zum Kennenlernen oder Dates zum Sex haben. Mach es besser als wir und fokussiere dich bereits, bevor du wertvolle Zeit und Emotionen verlierst. Dann bist du bei den ersten Anfragen, ob du ein Unterwäschefoto von dir schicken möchtest, wenigstens nicht so bestürzt wie wir alten Spießer der Offline-Generation. Eine Mischung aus schockiert und aufgedreht wie Teenager beim Backstreet-Boys-Konzert waren wir, als das erste Foto oder Action-Video seines elften Fingers eintrudelte. Mittlerweile sind wir darauf gefasst und finden es recht amüsant. Denn wir wissen aus Erfahrung: Diese Kerle erscheinen nie zum Date, und häufig ist ihr Gemächt attraktiver als ihr Gesicht.

Um Zero-Dates zu vermeiden, bei denen dein erhofft ultraheißes Gegenüber nicht erscheint, formuliere deine Suche also präzise und realitätsnah. Natürlich kennen wir Leute, die auf Hochzeiten waren, wo sich Braut und Bräutigam online gecastet und ernsthaft ineinander verliebt haben.

Dieses Ergebnis hat jedoch Seltenheitswert. Die meisten, die sich im Dating-Dschungel von Ast zu Ast hangeln, suchen eine wunderschöne Ganzkörper-Erfahrung mit vielen Ahs und Ohs. Und keine Frau, für die sie Gefühle entwickeln und an die sie sich vertraglich binden. Wir reden jetzt von den Gipfelkreuz- und Mega-Mucki-Helden, um die sich die Horde der Online-Weibchen reißt, weil sie so toll sind und etwas von Baywatch-Mitch und Spartacus, unserem Serienhelden, haben.

Die anderen, tja, denen ist anzusehen, dass sie wohl auch im echten Leben weniger Resonanz finden. Traurig, aber wahr: Denn die Online-Börse macht aus einer Pleite-Aktie keinen Burner. Und weil es – zumindest online – einen deutlichen Überschuss an willigen Männern gibt, haben es hübsche, eloquente Frauen mit konkreter Erwartungshaltung recht einfach. Gut für uns!

Es ist daher nicht schwer zu erraten, dass wir uns dazu entschlossen haben, die Männer wie am sexy Fließband zu casten. Und zwar nach Optik – inklusive megawichtiger Faktor Körpergröße – sowie gewissenhaft erhobener Sexpertise.

Was das bedeutet? Dass ein Mann, der im Sex-Chat sexuelle Handlungen derart hingebungsvoll beschreibt, dass dir im Schritt ganz kribbelig und heiß wird, meist auch weiß, wie er Frauen live wirkungsvoll berühren und orgasmussicher erregen kann. Bleibt das ersehnte kribbelige Glücksgefühl im Live-Kontakt unerwartet aus, kann das mit Erwartungsdruck, der Zyklusphase oder mit fehlenden Knister-Vibes trotz optischer Mega-Wirkung zu tun haben.

Übrigens: Woanders aufgewachsene Männer machen unserer Erfahrung nach eher keinen Online-Sex mit Feuchtigkeitsgarantie. Zwar wollen sie Fotos sehen, ein bisschen flirten und über deinen Sex reden, doch über sie selbst erfährst du herzlich wenig. Sei darauf gefasst, dass du bei diesem Typ Mann nicht ein einziges Achsel- oder

Schamhaar online sehen wirst. Dafür kannst du dich ihnen hingeben und viele erregende Stunden verbringen.

 **Unser Tipp**: Präsentiere dich selbstbewusst, kommunikativ und offen für angenehme Bekanntschaften.

## Mindestanforderungen festlegen

Man lebt nur einmal, und am besten tut man das mit einem Kerl über 180 Zentimeter. Wenn er Muskeln dran hat: umso besser. Männer mit Hochschulbildung kennen wir zu Genüge, und die Geschichten der wilden Sixpack-Kerle von einst sind ab dreißig plus auch schon von gestern. Bei der Online-Suche zählt bloß, was das Auge sieht. Da geht es nicht um das Herz, um besondere Talente. Daher prüfe, ob dich ein potenzieller Kandidat für den berühmten Wischer nach rechts erst einmal rein optisch anspricht.

Es kann passieren, dass das schönste Foto deines neuen Schwarms sein gepimptes Profil-Foto ist und alle anderen Schnappschüsse dieser hingetrimmten Zuckerseite nicht entsprechen. Um den richtigen Typen herauszufiltern, halte inne und überlege dir, ob du den Kandidaten auch offline beachten würdest. Damit du die richtige Einstellung zwischen „gefällt mir" oder „geht gar nicht" fällen kannst, achte besonders auf die preisgegebenen Details. Die meisten Jungs haben zumindest die Körpergröße und ihr Rauchverhalten notiert. Doch ob dir das bei deiner Entscheidung, ihm ein „Like" zu geben, hilft, musst du entscheiden.

Unserer Erfahrung nach ist es nützlich, die wichtigsten Auswahlkriterien festzulegen. Schließlich ist es dein Ziel, den potenziellen Online-Kandidaten im Offline-Betrieb so rasch wie möglich am Haken zu haben. Und wenn du online Abstriche machst, wirst du offline ziemlich sicher enttäuscht sein. Erinnere dich: Du willst ihn am Haken haben und keinen Kerl mit Haken.

Überlege dir vor dem ersten Offline-Casting deshalb unbedingt deine Mindestanforderungen. Notiere sie dir auf einem Blatt Papier oder tippe sie in das Notizbuch deines Handys, damit du sie in der Hitze des Gefechts auch ja nicht vergisst.

**Folgende Mindestanforderungen sind von Bedeutung und sollten von dir überprüft werden:**

---

Welcher Typ Mann spricht dich generell an?

---

Wie groß muss er mindestens sein?

---

Wie muskulös soll er sein?

---

Wie charmant soll er sein?

---

Wie schlau soll er sein?

---

Welche anderen Details findest du sexy?

---

Bei welchem Typ Mann fängt bei dir das Kopfkino schon von alleine an? Notiere prominente Vergleichsbeispiele.

---

Erst, wenn sich die Gelegenheit zum näheren Kennenlernen ergibt, poppen wieder andere Aspekte auf, die du an- oder abtörnend findest. Vielleicht erfährst du, dass das Herzblatt in spe super kochen kann, sich beruflich neu orientiert, fünf Kinder oder eine Zwangsstörung hat. Sein Foto selbst kann Fake sein wie sternekochmäßig getunte Fotos auf Tütensuppen-Packungen. Sei dir sicher, du wirst alles rechtzeitig herausfinden und aus Neugierde mitspielen oder ihn auf die Reservebank schicken.

Deine Mindestanforderungen sollten universell sein, sich also auf online wie offline gecastete Männer beziehen. So vermeidest du, dass du mit großem Hunger dem Serviervorschlag auf den Leim gehst, den es nur in Photoshopcountry gibt.

**Unser Tipp**: Nicht kleckern, sondern klotzen ist angesagt! Formuliere präzise drei bis fünf Mindestanforderungen, sonst bekommst du statt dem fünf Gänge-Menü im Sternelokal bloß Fast Food von der Burgerbude um die Ecke geliefert.

# Fake-Profil oder ungeschminkte Wahrheit

Für eine Bewerbung benötigt es im echten Leben einen Lebenslauf. Im Sinne der Erzeugung eines soliden Egos („Dieser Mann ist vertrauenswürdig.") legen sich viele Männer ein Fake-Profil in diversen sozialen Medien an. Dort deponieren sie Fotos von sich, auf denen meist mehr zu sehen ist als in der Dating-App. Das ist zwar nett, aber noch lange keine Garantie dafür, dass der Auserwählte auch wirklich der geniale Liebhaber oder so kuschelig wie der flauschige Nachbarshund ist.

Unsere Regel lautet: Lass dich von solchen Fotos nicht blenden! Sei vorsichtig, wenn dir der Kerl zwar ein „Like" gibt, du ihn jedoch nicht an einem neutralen Ort oder bei Tageslicht casten darfst. Virtuell getroffen bleibt es bei der guten Möglichkeit, ein Gefühl dafür zu entwickeln, ob dich dieser Mann grundsätzlich anspricht und du in auf die Liste der potenziellen Kandidaten setzt. Wenn Kopf und Herz aufeinandertreffen, wirst du wissen, wie du dich entscheidest. Männer stürzen sich eher ins Abenteuer, weil sie denken, neben einer nackten Frau zu liegen ist ungefährlich.

Natürlich kannst du dir auch selbst ein Date-Alias und einen Extraaccount zulegen, um dein normales Leben so lange vom Aufriss-Leben zu trennen, bis du dich selbstbewusst und routiniert genug fühlst – oder Mr. Right getroffen hast.

**Unser Tipp**: Ein Alias kann für eine Weile nützlich und faszinierend sein. Verpasse jedoch nicht den Absprung und bedenke, dass du als „Fake" andere Kerle ansprichst als mit deinem echten Ego.

## Das erste Match

In der Jugend der 1990er gab es noch keine Billigkleiderläden. Wer seine Kleidung nicht im Geschäft von Oma Hedwig und Bauer Sepp aussuchen wollte, musste in die nächste Stadt fahren oder aus dem Katalog bestellen.

Katalogbestellungen gibt es auch heute noch, denn sobald du das erste Profil angelegt hast, poppen sie alle auf. Die vielen, unglaublich vielen Männer, die an (Sex-)Chats, Freundschaft plus und Ones Interesse haben. Von dick bis dünn, von groß bis klein, von skandinavisch bis südländisch, vom Adonis zum Glöckner von Notre-Dame. Männer in allen Hautfarben, Männer zu jeder Zeit, Männer im Überfluss. Im Unterschied zu damals bestellst du jetzt keine Cargo-Hose und keinen Mini-Rock mehr, sondern bist auf der Suche nach Männern mit Potenzial.

Wie bereits erwähnt, gilt nun: Der Bildungsgrad ist für den schnellen Fang an diesem Punkt der Auswahl nicht das entscheidende Kriterium. Es geht einzig und allein um die Optik, nicht darum, ob dieser Mann Kinder hat, Raucher ist oder fünf Sprachen spricht. Was zählt ist, ob dir sein Gesicht gefällt und ob er dir seine tatsächliche Größe verrät.

Unter einer gewissen Körpergröße findest du vor allem muskelbepackte Kampfzwerge, daher achte auf eine Mindestgröße von 180 Zentimetern. Wenn du dir beim ersten Blickkontakt nach einer Zehntelsekunde denkst: Schokoschnecke, heiliger Bimbam, oh mein Gott der Gipfelstürmer für den Höhepunkt, dann drücke das Love-Symbol, das dein Interesse signalisiert, oder wische nach rechts, um ihn zu „matchen". Beruht diese Einschätzung auf Gegenseitigkeit, so hast du ein Match.

Was dann passiert, liegt in deiner Hand oder der des anderen. Denn entweder ergreifst du die Initiative für das erste Anschreiben – oder du wartest darauf, was kommt. Worin liegt der Unterschied?

Beim Ausgehen checkst du auch die passenden Männer und hängst über deren Kopf ein unsichtbares „Für-mich-reserviert-Schild" auf. Du hoffst, dass sie deine Vibes merken und du dem Abendprinzen spätestens beim Gang zum stillen Örtchen über den Weg läufst.

Dann könnte auch bei hoher Lautstärke ein unverfängliches Gespräch beginnen. Zum Beispiel mit: „Hast du deine Freundin dabei?"

## Wein und Käsefondue

Das erste schriftliche Abtasten beim Online-Casting könnte in etwa so ablaufen.

*Er: Hallo Sarah! Verrätst du mehr von dir? Warum bist du hier? Michael.*

*Wir: Hey Michael. Ich sehe mich ein wenig um – was ist mit dir?*

*Er: Ich auch. Möchte neue Leute kennenlernen. Wie gefällt es dir hier?*

*Wir: Kommt drauf an. Mir gefällt nicht alles.*

*Er: Kann ich mir vorstellen, dass Frauen hier billig angemacht werden.*

*Wir: Stimmt. Warum glauben die meisten Typen, dass Frauen darauf stehen? Kann es sein, dass uns manche mit Gummipuppen verwechseln? Sie schicken ganz einfach so ungefragt Fotos von ihrem besten Stück.*

Er: Puh, das ist heftig. Vorher sollte man sich kennen, oder? Nix gegen Sex, aber solche Fotos gibt es erst, wenn man weiß, dass beide so etwas sehen wollen.

Wir: Stimmt. Ich will auch nicht sofort gefragt werden, welche sexuelle Vorlieben ich habe, bevor man noch „Hallo" zueinander gesagt hat.

Er: Du Arme. Vielleicht liegt es an deinem Foto? Das schaut etwas mysteriös und leidenschaftlich aus 🙂.

Wir: Mag sein 🙂 Hier sind ein paar Leute, die mich in echt kennen.

Er: Verstehe. Hast du vielleicht noch ein anderes Foto für mich?

Wir: Etwas später. Hattest du schon mal ein Date, das von hier kam?

Er: Nein, das hat sich noch nicht ergeben.

Wir: Welche Hobbys hast du?

Er: Ich wandere gerne, treffe meine Kumpels, sonst noch Fußball, Skateboard, Klavierspielen. Du?

Wir: Sportlich etwas anders, ich schwimme gerne. Ins Kino gehe ich auch gerne.

Er: Super, Kino mag ich.

Wir: Kommst du hier leicht in Kontakt mit den Frauen?

Er: Nein. Ich stehe auf Qualität statt Quantität. Was ist dein Beruf?

Wir: Ich arbeite im Büro und mag Männer, die schlau sind.

Er: Magst du guten Wein?

Wir: [Wir schicken ein Foto.] So sehe ich normalerweise aus. Und: ja.

Er: Wow, du siehst super aus! Wie wär's mit einem Glas Wein zum Käsefondue?

*Wir: Ja, wenn du dich traust* ☺.

*Er: Haben die Männer Angst vor dir?*

*Wir: Haha. Nein. Soll ich vor dir Angst haben?*

*Er: Bestimmt nicht* ☺ *Ich bin ganz harmlos.* [Er schickt ein Foto.]

*Wir: Danke, siehst sehr schick aus.*

*Er: Danke.*

*Wir: Ich mag Männer mit Bärten.*

*Er: Trifft sich gut. Was magst du noch?*

*Wir: Je nachdem, was möchtest du wissen?*

*Er: Welche Männer du gut findest und warum.*

*Wir: Sympathisch und attraktiv. Körperlicherseits gerne groß. Er sollte kein Egoshooter sein.*

*Er: Ich mag intelligente Frauen und Frauen, die gerne lachen. Wie groß bist du?*

*Wir: 167 Zentimeter.*

*Er: Gute Größe.*

*Wir: Und du?*

*Er: 182 Zentimeter.*

[Wie es weiterging: Es blieb beim taktischen Abklopfen, getroffen haben wir ihn nie. Wir hörten auf zu schreiben, nachdem zwei geplante Dates kurz vorher unbestätigt blieben.]

# Romantikkiste und Gipfelkreuz

Manche packen die große Romantikkiste inklusive klassischem Gipfelkreuz-Erklimmungs-Foto aus und stecken voller Gefühl. Ob sich das im echten Leben auch so gestaltet, kann natürlich keine wissen.

*Er: Hallo, hübsche Frau. Darf ich dich näher kennenlernen? Hast du Lust zu chatten? Natürlich schicke ich dir auch Fotos. Andi.*

*Wir: Hi Andi, ja gerne, bin neugierig. Schick mir bitte ein Foto.*

[Auf dem Foto ist ein Mann mit nacktem Oberkörper vor dem Gipfelkreuz eines schneebedeckten Berges zu sehen.]

[tags darauf]

*Er: Guten Morgen!*

*Wir: Hallo.*

*Er: Und, wunderschöne Frau, wie geht's dir?*

*Wir: Sehr gut, danke. Dir?*

*Er: Auch gut. Heißt du wirklich Simone?*

*Wir: Hihi. Nein, ich heiße Petra.* [Wir schicken einige Fotos: Ein Selfie vor dem Badspiegel, ein Ganzkörperfoto aus der Entfernung und ein aufgemotztes Porträt von uns.] *Gefalle ich dir?*

*Er: Ja, du bist voll hübsch. Wieso versteckst du dich hinter einer riesengroßen Sonnenbrille?*

Wir: Ich habe viel mit Menschen zu tun. Die anderen brauchen nicht zu wissen, was ich in meiner Freizeit alles mache.

Er: Verstehe. Was arbeitest du?

Wir: Ich bin Friseurin.

Er: Wow, kreativer Beruf.

Wir: Wie ist dein Dating-Erfolg bislang?

Er: Geht so. Und bei dir?

Wir: So lala. Ein schwieriger Typ und ein sehr geiler. Viele wollen nur das Eine und müssten woanders echtes Geld dafür bezahlen.

Er: Hört sich schwierig an. Du bist aber nett, finde ich.

Wir: Danke. Woran bist du interessiert?

Er: An einer humorvollen, sympathischen, liebevollen Frau. Du? Bestimmt suchst du einen romantischen Mann, oder? 🙂

Wir: Ja, romantisch und so, dass ich mich an seiner Seite wohlfühle.

Er: Von dir möchte ich gerne eine Haarverlängerung und eine Kopfmassage bekommen 🙂.

Wir: Haha. Sag's gleich. Du möchtest entspannen. Und zwar mit Frauenhänden, die mit dir beschäftigt sind.

Er: Ja. Ich bräuchte bitte dringend eine liebevolle Frau.

Wir: Du suchst was für immer, richtig?

Er: Nicht unbedingt. Du?

Wir: Ein zuverlässiger Lover wäre derzeit ausreichend.

Er: Oh, diese Aufgabe würde mich sehr interessieren. Wie wär's mal mit einem persönlichen Kennenlernen?

Wir: Diese Woche ist ungünstig, ich bin unterwegs. Telefonieren wir?

Er: Ja, gerne, ich würde mich nämlich gerne persönlich als Lover bei dir bewerben.

Wir: ☺ ☺ ☺ Bewerben klingt gut. Gibt's bei dir in der Gegend keine Frauen?

Er: Schon ein paar, aber keine so hübschen und netten Frauen wie dich. Was muss dein Lover alles sein?

Wir: Also er sollte fit sein, lustig, zuverlässig und charmant.

Er: Perfekt, das bin genau ich ☺. Ich würde also bestens auf dein Such-Profil passen.

Wir: Das geht mir jetzt fast ein bisschen zu rasch, erstmal würde ich dich kennenlernen wollen.

Er: Ganz meine Meinung. Wie sieht's am Samstag aus?

[Wie es weiterging: Tja, an dieser Stelle kam unsere ungeplante Begegnung mit dem Ballonfahrer dazwischen. Wir waren für eine Weile anderweitig beschäftigt und vergaßen den hochmotivierten Bewerber völlig. Auch das kann vorkommen.]

# Heißes Eisen aus dem Süden

Und dann war da noch der heißblütige Südländer. Kein Wunder, dass er in die Vollen ging.

*Er: Hi. Wie geht's dir? Schaust spitze aus.*

*Wir: Grüß dich. Du auch. Bist oft im Fitness-Studio?*

*Er: Ich bin Fußballtrainer.*

*Wir: Cool. Ich fliege morgen nach Portugal auf Urlaub.*

*Er: Und wenn du wieder da bist, bekommst du eine Massage von mir, wie die echten Stürmer. Bestimmt möchtest du eine, oder?*

*Wir: Wow, was für ein Tempo! Reißt du die Frauen immer so auf?* 😊

*Er: Haha. Normal nicht. Aber bei dir würde ich das gerne machen.*

[Pause. Wir mussten ein paar wichtige Dinge erledigen, bei denen das Smartphone keinen Platz hatte.]

*Er: Warum bist du so ruhig geworden? Ich beiße nicht.*

*Wir: Musste etwas besorgen.*

*Er: Okay.*

*Wir: Hattest du schon viele Dates? Und woher kommst du?*

*Er: Ich war lange im Ausland und habe mich erst gestern registriert.*

Wir: Hast du dort gelebt oder warst du dort sehr lange auf Urlaub?

Er: Ich erkläre dir alles, wenn wir was trinken gehen und uns unterhalten. Danach ist es deine Entscheidung, was passiert. Ich bin ein echter Spanier mit Stierkampf-Blut.

Wir: Wow. Wir können uns gerne nach meinem Urlaub treffen.

Er: Ja, wenn du zurück bist, gehen wir beide aus. Ich will fortgehen, Spaß haben, was trinken. 😊

Wir: Klingt verlockend. Und dann?

Er: Dann bekommst du einen sehr netten Kuss, wo du ihn am liebsten willst. 😊

Wir: Holla die Waldfee, du gehst ran. 😊

Er: Ich gehe, wo du hinwillst.

Wir: Ich übernehme gerne die Initiative. Du?

Er: Ich mag beides. Wild und ruhig.

Wir: Interessant. Wann hattest du zuletzt Sex?

Er: Puh, ist schon zwei Jahre aus. Und jetzt bin ich wie eine brodelnde Lava. 😊

Wir: Uff, das klingt heftig lange. Lava ist ganz schön heiß und gefährlich.

Er: Ja ich bin superheiß und habe ein gutes Gewehr. 😊

Wir: Du willst also Sex. Und das möglichst schnell.

Er: Klar. Du bist hübsch und sehr interessant. Und ich will mit dir schlafen.

Wir: Bis dann. Wir bleiben in Kontakt.

Er: Gerne. Schade, dass du wegfährst. Ich hätte dich sonst heute schon besucht.

Wir: Na, so schnell wäre das aber nicht gegangen.

[Wie es weiterging nach unserem Urlaub: Unser spanischer Stierkämpfer blieb dran, online wie offline. Und ja, er war ein Vulkan. Heiß, pulsierend und eine Granate im Bett. Am Tag nach unserem Nahkampf begegneten wir ihm allerdings mit einer anderen. Sie war das krasse Gegenteil von uns: Eine vollbusige Barbie mit 20 Zentimeter hohen Stöckelschuhen. Hoffentlich hielt seine Munition noch, nach diesen bestimmt schmerzhaften, absolut sexfreien Jahren ...]

## Passende Fotos auswählen

Männer wollen Fotos. Zum Abchecken, ob du echt bist und ihrem Geschmack entsprichst. Und weil der Online-Geschmack erst mal ohne Küssen und Beschnuppern vor sich geht, wollen sie möglichst viele Fotos, die möglichst viel verraten.

Das sind dann also nicht nur Fotos vom Gesicht, sondern auch solche von deinen Brüsten, dem Po und der Muschi. Jawohl. Ob du den Online-Männern diese Selfies bereitwillig und ungefiltert zur Verfügung stellst, ist deine Sache.

Achte jedenfalls darauf, dass auf Nacktfotos dein Gesicht nicht zu erkennen ist und kein Rückschluss über deinen Wohnort erfolgen kann. Immerhin könnte es ja sein, dass Missbrauch damit betrieben oder dein Telefon gestohlen wird.

Wir sind, was Nacktfotos angeht, relativ altmodisch. Fotos unserer Yoni gibt es generell keine, und das höchste der Gefühle sind Brust- und Po-Fotos, die auch neugierige Spanner im Schwimmbad erhaschen könnten. Weniger ist oft mehr. Gut machen sich Fotos im Sportdress oder solche, auf denen etwas Bein gezeigt wird.

Männer reagieren visuell. Es macht sie an, wenn sie sexy Fotos bekommen. Doch wie auch du rasch erfahren wirst, ist es für viele Frauen normal, Fotos in oder ohne Unterwäsche zu verschicken. Männer sind auch solche Nacktbilder gewöhnt und erbeten als Jäger und Sammler daher auch von dir genau das, was sie bereits von anderen bekommen haben.

Mamas Rat „Mach dich rar und sei ein Star" gilt aber auch hier. Denn ein Mann, der ohne zu erobern gleich das bekommt, wonach er verlangt, verliert prompt das Interesse an dir, ohne danke zu sagen. Und wenn du ihn toll findest, wäre es ungeschickt, ihn vorzeitig einer anderen zuzuspielen.

Solltest du dich also von seinen hartnäckigen Nachfragen bedrängt fühlen, sage, dass du das nicht willst. Hört er damit auf, ist es gut. Wenn nicht, antworte einfach nicht mehr auf sein „Guten Morgen, 🌶 Foto?".

Viele Männer haben uns gesagt, dass sie sich mit den Fotos die Wartezeit zum nächsten Date verkürzen. Übersetzt heißt das, du bist für dein Herzblatt eine wirkungsvolle Befriedigungs-Vorlage, und wenn er von dir sehr angetan ist, gehen vielleicht 9 von 10 selbstherbeigeführten Orgasmen auf dein Konto.

Doch sei realistisch: Natürlich gibt es unzählige Kerle, die statt Stickeralben Fotos von hübschen Frauen anhäufen. So viele wie möglich für heute, morgen und übermorgen.

In diesem Pool der Masse schwimmen auch deine Fotos mit.

**Unsere potenziellen Kandidaten fragten zum Beispiel auf diese Weise nach Fotos von uns:**

- *„Danke fürs Match Sarah. 😊 Leider sieht man auf deinem Foto nicht sehr viel von dir ... darfst mir gern noch eines schicken. Eines mit weniger an."*

- *„Warum mit Sonnenbrille? 😊 😊 😊 🌶 Schick doch noch ein Foto, auf dem ich dich erkennen kann."*

- *„Hast ein interessantes Gesicht, wenn auch ein bisschen verborgen. 😊 🌶 Dürfte ich dich bei Tageslicht sehen?"*

# Der erste (Sex-)Chat

Mann o Mann, was haben wir für gute Chancen in den ersten Wochen sausen lassen. Warum bloß? Weil wir, so neu wie wir im Dating-Dschungel waren, ganz einfach nicht wussten, wie der Hase läuft. Wir waren vorsichtig, zurückhaltend, strikt und abwehrend. Bei unseren ersten Chats ging es daher um Hobbies, Kochen, Freizeitinteressen und den Beziehungsstatus. Das hat viel Zeit gekostet und der Output war Null. Außer Langeweile und verlorener Zeit ist nichts geblieben.

Moment mal. So stimmt es auch wieder nicht. Wir haben gelernt. Von jedem Mann für den nächsten. Und wir haben das, was uns geschrieben wurde, aufgegriffen und beim nächsten Kontaktversuch wiederverwendet. Irgendwann kam dann einer, bei dem es nach ein paar Mal hin- und herschreiben plötzlich um Sex ging – und wir waren wie wachgeküsst.

Begonnen hat es mit Fragen wie „Worauf stehst du?", „Was macht dich geil?" oder Aussagen wie „Meiner ist jetzt steif." „Ich würde dich gerne lecken" gehörte schon bald genauso zum Standardrepertoire wie „Darf ich dir ins Gesicht spritzen?".

„Ja, so lange das Smartphone dabei sauber bleibt", antworteten wir im Stillen.

Was für ein Glück, dass wir früher ganz viele Sexromane und Schundheftchen gelesen und irgendwann auch ein reges Liebesleben hatten. Somit war uns bald klar, worauf es heute bei der virtuellen Anmache ankommt.

Wir warfen die Moral über Bord und machten von nun an das, worin wir immer besser wurden: Mit scharfen Männern über ihre Vorlieben schreiben und auch die eigenen ein klitzekleines bisschen preisgeben. Mittlerweile wissen wir, wann sich nach Drehbuch der erste Chat in einen Sex-Chat verwandelt. Aus dem heißen Sex-Chat kann ein echtes Date werden. Aus einem simplen Date ein späterer Sex-Chat oder aus einem Date ein Sex-Date.

Sei´s drum. Letztlich dreht sich alles um das eine: Sex in allen Stadien deines Akkuladezyklus.

Wenn du abends alleine auf der Couch sitzt oder in der Mittagspause deine Nachrichten checkst, hast du als Sex-Chatterin mehr Spaß als mit Fernsehen oder Erotikfilmchen. Denn ein Sex-Chat braucht zwei Menschen, die aufmerksam sind, Phantasie haben und sexuelle Lust in Worte fassen können und wollen.

Sei nicht enttäuscht, wenn du an einen Mainstream-Typen kommst. Du erkennst ihn daran, dass er dich bloß hart von hinten ficken will und haben möchte, dass du dabei laut schreist. Diese Sorte Mann ist sehr ichbezogen, versaut und weiß nicht, dass die meisten Frauen es viel aufregender finden, wenn ein Mann ein paar Fingerspiele kennt.

Wer einmal einen geilen Sex-Chat hatte, weiß, was es heißt, wenn der Mann für die nächste Antwort etwas länger baucht. Garantiert spielt er mit einer Hand an sich herum und versucht mit der anderen zu tippen.

Danach kommt dann irgendwann ein Smiley oder eine präzise Information darüber, was zuvor passiert ist.

Nach und nach bildet sich in dir die Vorstellung seiner Persönlichkeit, und Vorgänge wie heißes Stöhnen, passgenaue verbale Anmache und hemmungsloses Flirten schaffen echte Identität. Doch ist er in der Tat identisch mit dem, was er vorgibt zu sein?

Um herauszufinden, ob der Kerl hinter der Kamera, dem Mikro oder der Tastatur echt ist oder nicht, kannst du ihm ein paar Fragen stellen – zum Beispiel zum Familienstand oder dem Beruf. Was den wie auch immer gepimpten Beruf angeht, so lass dir sagen, wo er arbeitet, was er genau macht und recherchiere dann Details hierzu im Internet.

Als Spionage-Assistentin wirst du den Maskenbildner vom echten Superstar zu unterscheiden lernen und auch die Tatsache enttarnen, dass er keine Schönheitsoperation mit nachfolgender Haar-Transplantation hatte – weswegen er nun geringfügig anders aussieht als der sexy Schönling am Profilfoto.

Doch möchtest du wirklich alles wissen über sein „echtes" Ego? Überlege gut, bevor du in die Tiefen seiner Shorts vordringst.

**Unser Tipp**: Typen können gefälscht sein wie gezuckerter Wein. So what! Wenn du online geilen Spaß mit ihm hast, versuche erst gar nicht, sein Pseudonym zu enttarnen. Er liefert eine gute Show, und ob die vom USB-Stick kommt oder live gespielt ist, kann dir egal sein. Die Illusionen, die durch den Kontakt zu ihm entstehen, bereichern deine Phantasie. Lass ihm etwas Unnahbares und verzichte darauf, ein Foto seines Personalausweis anzufordern. Es kann viel reizvoller sein, gewisse Dinge nicht zu wissen und nicht zu kontrollieren.

# Das Date erfolgreich einloggen

Online findest du jede Menge Männer, die etwas von dir wollen. Aus der Masse solltest du dir jedoch nur jene mit Klasse rauspicken. Bleibe daher bei den bewährten Mindestanforderungen. Zur Erinnerung, unsere lauten: mindestens 180 Zentimeter groß, sportlich, muskulös, charmant, um die 30 Jahre, Muttersprache irrelevant.

Hast du online ein Date gecheckt, dann halte bis zum echten Treffen den Kontakt aufrecht. Sich melden vermittelt Interesse und erhöht die Chance, dass ihr euch im echten Leben kennenlernt.

Das Online-Date zu checken ist easy cheesy. Du kannst es terminlich fixieren, während du dir einen Kaffee machst, die Zähne putzt oder deine Lieblingsserie schaust. Möglicherweise kommst du so gut an, dass insbesondere Donnerstag abends oder an Samstagen die Anfragen nur so blim blim blim auf dein Handy purzeln.

Für den allerersten Einstieg lautet die beliebteste und mit Priorität zu behandelnde Frage wie folgt: „Was suchst du?"

Natürlich gibt es jede Menge unaufmerksame oder anstrengungsunwillige Kerle, die nicht mal einen zweiten außer dem Zeigefinger krümmen, um dein gut gepflegtes Profil zu sichten und sich ein wenig auf dich einzugrooven. Doch wie deine persönliche Antwort auf die berühmte Such-Frage ausfällt, hat einzig und allein damit zu tun, was du wirklich willst.

Die muskulöse Bekanntschaft, mit der du ab und zu Selters oder Sekt trinken gehst, klingt als Suchwunsch von dir reizvoll. Ein solcher Eintrag hat im Steckbrief aus unserer Sicht jedoch nur eine Alibifunktion. Immerhin kannst du dich offline genauso gut mit deinen netten Nachbarn oder dem Hausmeister anfreunden, um platonisch zu brunchen. Bestimmt wirst du mit keinem davon im Bett landen.

Somit kommen außer „Bekanntschaft" nur noch die Rubriken „Chat" oder „Dates" in Frage, wobei du in beiden versiert sein solltest, denn ohne Chat gibt es kein Date, und ohne Date keinen Sex.

Du kannst auch die Abstinenz-Variante wählen und nur chatten, was auf Dauer so fad ist wie die hundertste Wiederholung von „Sex in the City". Oder du lässt dich neugierig auf einen Sex-Chat ohne Date ein. Es ist ein bisschen wie am Buffet: Nimm dir von überall ein wenig was oder entscheide dich für deine Leibspeise.

Merke dir folgende Regel: Wer fragt, führt, und wer eloquent kontert, punktet.

Kluge Männer stehen auf spritzige Wortgefechte. Ausgehungerte Helden ohne Video-Pipeline gieren nach scharfen Pics. Finanzmarkt-Pragmatiker überspringen die Phase des Beschnupperns und locken dich gleich zu einem für sie billigen, anonymen Sex-Date ins Hotel oder – aus Kostengründen – gleich in die eigene Wohnung.

Zu letzterem Typus haben wir aus unserem Fundus ein Beispiel für dich.

# Der anonyme Express-F*cker

*Er: Hi Super-Frau, wie geht's? Möchtest mit mir was unternehmen?*

*Wir: Hi! Ja. Von mir aus.*

*Er: Und, was machst du gerne?*

*Wir: Ich geh gern wandern.*

*Er: Cool.*

*Wir: Du?*

*Er: Ich will jemanden kennenlernen. Du?*

*Wir: Ich auch.*

*Er: Also willst du auch rasch ein Abenteuer. Wann hast du Lust?*

*Wir: Nächstes Wochenende vielleicht.*

*Er: Ok. Wo?*

*Wir: Erst mal in einem Restaurant. Zum Kennenlernen.*

*Er: Ok. Tauschen wir Telefonnummern? Ich möchte lieber anrufen, weil ich nicht so gerne schreibe.*

*Wir: Nein, noch nicht.*

*Er: Ok. Hattest du schon One-Night-Stands?*

*Wir: Ja.*

*Er: ☺ Und, worauf stehst du?*

*Wir: Definitiv nicht auf Rammler.*

*Er: Haha. ☺ Ich bin keiner. Lass uns gleich ein Treffen vereinbaren.*

*Wir: Du hast ja den Turbo gezündet.*

*Er: Klaro, ich liebe schnelle Autos. Wo willst du dich treffen? Soll ich ein Hotel buchen?*

*Wir: Nein. Wir treffen uns zuerst an einem neutralen Ort.*

[Wie es weiterging: Der Express-F*cker wurde von uns beim Volksfest getroffen. Er war stürmisch und unangenehm aufdringlich und es blieb beim verbalen Schlagabtausch mit kurzer Knutsch-Einlage. Diese hatte unerwartete Folgen. Der Express-F*cker blieb hartnäckig, unseren Maulkorb hat er großzügig ignoriert und sich neue Chancen imaginiert. Als er nach der fünften Erklärung immer noch wie ein Pit-Bull an uns klebte, fühlten wir uns schon ein klein wenig gestalkt.]

# Männer auf der Jagd

Ein Dialog wie der obige reduziert Dating-Plattformen auf das, was die meisten paarungswilligen Nutzer vorhaben: kostenlosen, möglichst anonymen, verpflichtungsfreien Sex. Erstaunlich ist, wie viele es wesentlich animierender finden, fremde Frauen bei sich klingeln zu lassen oder sich in Hotelbetten zu wälzen anstatt ein Date an einem neutralen Ort als Teil des potenziellen Vorspiels anzusehen. Du siehst, es macht Sinn zu wissen, was du suchst.

Männer auf der Jagd halten Ausschau nach Frauen, bei denen der Aufwand gering und der Output gigantisch ist. Doch lass dir Folgendes sagen: Einen sympathischen Mann, der seinen Penis gerne in deine pulsierende Liebeshöhle stecken möchte, angelst du dir am einfachsten beim Ausgehen. Der Eine allerdings, der dich verwöhnt und dir all das gibt, wonach du dich sehnst, ist so schwer zu finden wie die berühmte Nadel im Heuhaufen.

Immerhin gibt es einen vorläufig zufriedenstellenden Mittelweg: Einen Mann, der sich mit dir zumindest im Kaffeehaus oder in einem lauschigen Gastgarten trifft und dir die Gelegenheit gibt, ein leibhaftiges Bild von ihm zu bekommen. Diese Art von Männern sind die Gentlemen unter den Trophäensammlern. Doch ganz so altruistisch ist das auch wieder nicht. Schließlich wollen sie, dass rasch Vertrauen entsteht und du dich nackt neben ihnen wohlfühlst – um mit ihnen tollen Sex zu haben.

**Unser Tipp**: Mit der ständigen Angst im Nacken, dir würde ein übler Schurke gegenübersitzen, kommst du nicht weit. Vorsicht ist gut, übertriebene Übervorsicht engt jedoch ein. Wage das Abenteuer: Wir selbst haben auch das eine oder andere ausprobiert und das Vorspiel im Kaffeehaus stark verkürzt oder übersprungen. Vor allem dann, wenn die Vibes wow und der Kerl mega-anziehend war, sodass wir nur noch ans gegenseitige Ausziehen dachten, während wir an unserem Mineralwasser nippten.

# Audioprofiling via Telefon

Wie du einen Tisch eindecken sollst, dafür gibt es klare Regeln. Für Online-Dates gibt es nicht einmal eine Standard-Reihenfolge, weshalb es passieren kann, dass du mit deinem Match bereits einen heißen Sex-Chat hattest, obwohl du nicht einmal seine Stimme kennst, geschweige denn seinen echten Namen weißt.

Möglich ist aber auch, dass ihr von der Dating-App schon zum privaten Messenger-Dienst gewechselt seid und er dir sexy Sprachnachrichten oder Videos seines akustisch begleiteten Handjobs schickt. Zurückhaltendere Kerle geben dir zuerst ihre Nummer, texten dich dann an und bitten anschließend um ein Telefonat.

Wenn du neugierig auf dein Match bist und ernsthaft ein Live-Date vorhast, solltest du unbedingt zuvor mit ihm telefonieren. Das ist nämlich deutlich ressourcensparender, als wenn du dir die Zeit freihältst, dich aufbrezelst, mit ihm triffst und nach zwei Minuten am liebsten wieder verschwinden würdest, weil er wie eine Comic-Figur spricht. Führe daher zeitnah ein Telefongespräch, damit du deinen freien Abend nicht unnötig in fader Gesellschaft verbringst. Erst wenn dieses Hearing bravourös gemeistert wurde, suchst du in deinem Kalender einen Slot für ein reales Date.

**Damit dein Telefonat möglichst aussagekräftig verläuft, geben wir dir ein paar Tipps. Sobald er sich nach dem Tuten meldet, achte zum Audioprofiling auf folgende Dinge:**

---

### Wie klingt seine Stimme?

- ☐ hoch / tief
- ☐ unangenehm / angenehm
- ☐ krank / gesund
- ☐ unsympathisch / sympathisch

---

------

Wie spricht er?

☐ Dialekt / Schriftsprache / Akzent
☐ schnell / langsam
☐ laut / leise
☐ monoton / lebhaft
☐ lispelnd / stotternd / nuschelnd / gepresst

------

Wie verändert sich sein Sprechtempo im Laufe des Gesprächs?

------

Was erzählt er über sich?




------

Jemanden Unbekanntes erstmalig kennenzulernen, ist eine höchst spannende Sache. Recht schnell wirst du wissen, ob du es für würdig erachtest, ihn persönlich zu treffen. Mache dir – unabhängig vom eingestellten Foto – ein genaues inneres Bild von ihm, indem du einige Fragen stellst.

**Beispielsweise solche:**

- *„Hast du einen Bürojob oder bist du Handwerker?"*
- *„Arbeitest du in der technischen oder sozialen Branche?"*
- *„Trinkst du lieber Espresso oder Cappuccino?"*
- *„Isst du Fleisch oder bist du Vegetarier?"*
- *„Magst du lieber Popmusik oder Klassik?"*
- *„Bist du ein Frühaufsteher oder ein Langschläfer?"*
- *„Fährst du lieber in den Norden oder in den Süden auf Urlaub?"*

Eigentlich ist es ziemlich egal, welche Fragen du ihm stellst und ob er sie blöd findet oder nicht. Es geht nämlich weniger um konkrete Antworten als darum, was im Subtext und so nebenbei über ihn und seine Persönlichkeit mitgeliefert wird.

Deine Fragen sind also lediglich der Wurm, mit dem du ihn dazu bringst, etwas über sich zu erzählen.

**Unser Tipp**: Je mehr er über sich auspackt, bevor er sich oder dich auspackt, desto einfacher ist die Entscheidung für dich. Wenn du im Laufe des Gesprächs zusätzlich zum Foto Pluspunkte verteilen kannst, bingo! Vielleicht hast du ja so viel Lust auf ihn bekommen, dass du am Ende des Telefonats gleich ein Treffen ausmachen möchtest.

## Die freundliche Abfuhr

Dir kommt der Kerl im Unterschied zur Konversation in der Dating-App seltsam vor oder er spricht wie jemand, den du gar nicht leiden kannst? Verstopft dir sein starker Dialekt die Ohren und bekommst du Zustände, wenn du auch nur daran denkst, ihn in echt treffen zu müssen?

Gratulation, auch dieser Zustand ist eine äußerst hilfreiche Erkenntnis.

Die nächste Hürde, die du nun meistern musst, ist, dich höflich aus der Affäre zu ziehen. Wenn du unverbindlich bleibst und dich auf kein konkretes Treffen einlässt, ist deinem Gegenüber klar, dass er dein Interesse nicht wecken konnte.

**Vorsicht**: Interesse vorzugaukeln, obwohl du ihn eigentlich rasch loswerden willst, ist fies. Bleibe freundlich und bei der Wahrheit und sage zum Abwimmeln zum Beispiel Dinge wie:

- *„Danke fürs Telefonieren. Du erinnerst mich an meinen Ex, das geht leider gar nicht für mich."*

- *„Ich steh leider nicht auf Männer, die Dialekt reden."*

- „Jetzt, wo ich mit dir telefoniere, muss ich ganz intensiv an mein heißes Date vom letzten Donnerstag denken. Sorry, aus uns wird leider nichts."

Möchtest du dir die Tür einen Spaltbreit offenhalten, dann vereinbare ein Treffen für die folgende Woche. Gehe das Telefonat später nochmals in Ruhe durch. War er sympathisch oder hat dich etwas an ihm irritiert oder genervt? Falls er nicht dein Fall ist und er dich eigentlich nullo interessiert, sage per Nachricht rechtzeitig ab. Du brauchst ihn nicht mehr anzurufen.

**Wie bekundest du freundlich dein Desinteresse?**

1.


2.


3.


**Unser Tipp**: Natürlich ist es schlauer, bis zum ersten Date auf der Dating-App zu verweilen. So bleibt alles anonymer und unverbindlicher. Doch möglicherweise investierst du unnötig viel Zeit in den falschen Kandidaten, weil dich seine Art zu reden oder zu atmen bloß abtörnt. Setze deshalb klare Prioritäten und handle danach: Willst du lieber einen kurzen, aussagekräftigen Telefon-Check machen oder schlimmstenfalls zwei kostbare Lebens- und Liebesstunden inklusive Aufbrezeln, Fadisieren und wieder Loseisen verschenken?

# Der Live-Aufriss

Du hast nun Einblicke gewonnen in die Praxis der Online-Jagd. Steigt bei dir so richtig die Lust auf einen Live-Aufriss? Dann beherzige unsere Tipps für das Offline-Casting und deine Bemühungen, den perfekten Lover für die perfekte Nacht zu finden, dürften schon bald in attraktiven Ergebnissen fruchten.

## Wingman und Wingwoman

Beim Ausgehen haben sich ein Wingman oder eine Wingwoman bewährt, der oder die Drahtzieher für den erfolgreichen persönlichen Erstkontakt ist. Der oder die Wing kann ein Fremder oder deine beste Freundin sein.

**Der Vorteil liegt klar auf der Hand: Ein Wingman oder eine Wingwoman ist nützlich, wenn ...**

- du selbst noch zu schüchtern bist, jemanden direkt anzusprechen, weil dein Selbstbewusstsein noch nicht dem Ziel-Zustand des Superwoman Feelings entspricht.

- du die Stimme deines Auserwählten hören und seine Körpersprache aus naher Distanz beobachten willst.

- du etwas über seinen Humor erfahren willst.

- du wissen willst, ob er in Flirtlaune ist.

Ist deine Wing beispielsweise deine beste Freundin, kann sie sich an der Bar mit dir im Schlepptau anstellen. Und zwar genau dort, wo du das imaginäre „Reserviert"-Schild über deinem potenziellen Lover aufgehängt hast. Sie kann ihn auf sein Outfit, sein Getränk, seine Stimmung oder seine Freunde ansprechen. Ist das Eis gebrochen, kann sie dich ganz unkompliziert vorstellen und rasch in das vorbereitete Gespräch einbinden. Deine beste Freundin weiß am besten, wie sie den Scheinwerfer bravourös auf deine Zuckerseiten richten kann. Bleibe freundlich und vermittle ihm durch deine Anwesenheit ein angenehmes Gefühl. Dockt er an und zeigt er sich an einem Gespräch interessiert, bist du willkommen und schon mittendrin beim Aufreißen.

Ist deine beste Freundin allzu übermütig, passiert es zuweilen, dass sie gezielt einen Kerl mit Klasse aus der Masse herauspickt und ihn anspricht mit: „Du bist hübsch. Meine Freundin auch. Trinkt doch etwas miteinander." Oder noch schlimmer: Sie nimmt dich und ihn in den Arm und drückt euch zueinander. Ja diese Art von Paarfindung haben wir selbst erlebt, meist etwas bestürzt und peinlich berührt.

Das Gute daran: Das Gesprächsthema muss nicht erst entdeckt werden, sondern es liegt quasi schon auf dem Tisch, nämlich die „peinliche beste Freundin". Über diese sprecht ihr dann so lange, bis du fürs Flirten aufgewärmt bist.

Fremde Personen assistieren oft unbemerkt als Wings, wenn sie dich etwa im vollen Lokal anrempeln und du – sofern die Glücksfee Gutscheine austeilt – wie im Kitschroman einem Top-Kandidaten vor die Füße oder in die Arme fällst.

Einer unserer Heroes bekam von uns den Auftrag, einen anderen hübschen Kerl anzuquatschen. Dieser war vergeben und gänzlich uninteressiert. Doch wir taten dem soeben als Wing eingesetzten Vermittler offensichtlich leid und er suchte das Gespräch mit uns.

**Unser Tipp**: Sei für alle vom Wing organisierten Eventualitäten offen. Vielleicht wälzt du dich dann, genau wie wir, ein paar Stunden später mit deiner Neu-Eroberung auch schon im Seidenlaken.

# Erfolgreiche Anmache

Anmachen geht für uns Frauen ziemlich leicht. Zum Beispiel dann, wenn du auf der Tanzfläche stehst, der Nebel dich umhüllt, die Boxen wummern, heißer Schweiß die Luft zum Knistern bringt und vor dir ein Testo steht. Jetzt nimmst du Blickkontakt auf. Wenn du das etwa zwei- bis dreimal in den ersten Wir-checken-uns-ab-Minuten tust, signalisierst du Interesse und Verfügbarkeit. Dockst du optisch und mit deiner vollgeladenen sexuellen Energie an, gibt es ein Match.

Was nun passiert, geht wie in Slow Motion. Pass jedoch auf, dass daraus kein Standbild wird und kurble die Filmgeschwindigkeit an, wenn nötig. Das heißt: Entweder verringert ER den Abstand zu DIR und tanzt dich an – oder du ergreifst die Initiative. Welche Methode eher zum Ziel führt, kommt auf die Umstände an. Ist die Location schwach besucht und hängt er gefühlte Meilen weit entfernt neben zwei Best Buddies fest, solltest du dich in eine günstige Start-Position begeben und beispielsweise an den Nachbartisch vorarbeiten. Ist der Auserwählte schon in olfaktorischer Nähe und kannst du seine Vibes spüren, sei entspannt. Es wird passieren.

Unserer Erfahrung nach haben wir in einem solchen Fall eher selten von uns aus den Körperabstand verringert. Meistens haben die Kerle unsere Nähe von sich ausgesucht, sich beim Tanzen hinter uns gestellt und sanft ihre Hüfte samt gut fühlbarem Gemächt an uns gedrückt oder gerieben. Yes!

Sofern die musikalische Grundlage dem Körperkontakt dienlich war, ließen wir uns bereitwillig verführen und haben hingebungsvoll auf der Tanzfläche geknutscht. Nicht ohne dabei im Kopf unsere Checkliste abzuarbeiten und das Probeknutschen zu bewerten.

Lass dich nicht zum Spaß antanzen, ohne wirkliches Interesse zu haben. Denn erst anheizen und dann fallenlassen ist nicht die noble Damenart. Das bringt auf der Gegenseite nur Frust und Ärger, denn schließlich ist der Mann – wie du – zum Jagen da und will seine anvisierte Beute auch erlegen.

Wegen eines Ständers, den du zwar verursacht hast, jedoch nicht in dir haben willst, können Männer ja schlecht austicken und sich auf diese Weise abreagieren. Sie müssen vielmehr unbefriedigt und genervt abziehen. Lass also, auch wenn du noch so hungrig auf Sex bist, deine Finger nur bei jenen Männern tiefer wandern, die deinem Beuteschema entsprechen. Halte dich von Seppis Gürtellinie, Hosenschlitz und Brustwarzen fern, wenn du lieber mit Beppi nach Hause gehen magst.

Du schaffst es nicht, dich zu zügeln? Macht nix. Auch wir waren schon oft viel zu leidenschaftlich, ohne uns der Konsequenzen bewusst zu sein. Dennoch, nimm dir Folgendes vor, um Irrtümer zu vermeiden: „Ich hüte mich vor zweideutigen Signalen und eindeutigen Hüftschwüngen, wenn ich brav alleine oder mit einem anderen Testo nach Hause gehen will."

Na, bist du schon rot geworden oder haben unsere Beispiele anregend auf dich gewirkt?

Übrigens: Online ist es mit der Anmache natürlich noch viel einfacher. Das Spiel ist klar: Wer nichts tut, hat verloren. Wer sich traut, geht durch neue Türen.

Gibt es also ein Online-Match, dann solltest du wissen, was du schreiben kannst. Die männlicherseits gern gestellten Standardfragen mit „Hallo, was suchst du?" oder „Hey du, alles gut?" sind zwar unter deinem Niveau, doch es geht darum, die Anfangshürden wie im echten Leben zu meistern. So kommst du möglichst schnell in einen Dialog und findest rasch mehr über dein Gegenüber und sein Potenzial für ein Date heraus.

Natürlich kannst du ständig chatten, ein Treffen rauszögern oder dich nie wieder melden. Doch denk daran: Du tummelst dich in einem Dating-Portal, weil du hungrig bist und erfolgreich angeln willst. Und nicht, weil du auf den Sankt Nimmerleinstag warten willst, an dem eine Fischattrappe am Plastikköder anbeißt.

**Unser Tipp**: Offline Anmachen heißt Augenkontakt herstellen. Das fällt dir besonders leicht, wenn du dich begehrenswert fühlst. Lies in der Superwoman Feeling-Formel nach, was du brauchst, um dich so richtig begehrenswert zu fühlen. Bei der Online-Anmache versuchst du, genau so intensiv dein Gegenüber zu erspüren, als stünde er dir wahrhaftig gegenüber. Vergeude deine wertvolle Zeit nicht mit sinnlosem Herumgeplänkel.

# Pimp yourself

Steht der Treffpunkt des ersten Treffens fest, dann weißt du, wie du dich kleidungstechnisch gut präsentierst.

Fühlst du dich wohler mit deiner Lieblingsjeans, Karohemd, Schlabberpulli oder Sneakers, so ist das auch ok. Hauptsache, du bist selbstsicher und für ein optionales Sex-Date top vorbereitet. Es kann sein, dass dein virtuelles Date und du vorher schon sexuelle Fantasien ausgetauscht habt. Daher weißt du auch, ob Büsche, gepflegter Wuchs oder glatte Haut hier und dort angesagt sind.

Betreibe sorgfältig Körperpflege, es kann dich nämlich eine angenehme Überraschung mit G-Punktlandung erwarten. Übertreibe deinen Körperfetisch allerdings nicht, denn das wirkt dann, genau wie zu viel Schminke, zu dick aufgetragen.

Pingelig solltest du auf jeden Fall bei der wertvollsten Männerphantasie, nämlich deinem Poloch, sein. Egal was du damit vorhast: Wasche es liebevoll mit warmem Wasser, damit es später im Fall des Falles zu keinen unliebsamen Hoppalas kommt. Hab außerdem ein paar feuchte Toilettentücher in deiner Handtasche dabei, falls du unterwegs mal groß musst.

Du möchtest dich noch gründlicher auf einen möglichen Besuch im A-Land vorbereiten? Zusätzlich kannst du den Raum zwischen deinen Pobacken sorgfältig ausrasieren und dir sogar, wenn du dir das Tool für wenige Euro in der Apotheke besorgst, einen Einlauf gönnen. Wer weiß, dieser ist insgesamt gesehen vielleicht die tollste deiner Errungenschaften. Mit einem Einlauf bekommst du nicht nur quietschsaubere Gedärme, sondern auch Alkoholexzesse vom Vortag leichter wieder los. Zusätzlich macht er dich bei Infekten abwehrstark, da ungute Darmbewohner auf direktem Weg ausgespült werden. Ein Einlauf ist eben eine feine Sache! Und noch dazu gratis.

Fühlst du dich insgesamt überwuzelt und zu wenig attraktiv, dann gönne dir frische Gurkenscheiben auf die Augen, eine hyaluronsäurehaltige Prinzessinnen-Gesichtsmaske oder – noch günstiger – die berühmte Mütze voll Schlaf. Von deiner Oma weißt du noch: Der echte Schönheitsschlaf ist der vor Mitternacht. Achte daher darauf, in der Nacht vor deinem echten Date bereits um 22.30 Uhr in die Sphären der Traumwelten vorzudringen.

Spätestens bevor du dich auf den Weg zum Treffpunkt machst, frage sicherheitshalber nach, ob euer Date noch steht und ob nichts dazwischengekommen ist. Verspätest du dich, sei so verlässlich und gib Bescheid. Alles andere ist schlechtes Benehmen und fällt irgendwann auf dich zurück. Und ja, wir glauben an mieses Karma, nämlich dass uns unrühmliche Taten wie ein Bumerang selbst ereilen!

**Unser Tipp**: Kleide dich so, damit du dich wohl in deiner Haut fühlst. Pimpe dich schmink- und frisurentechnisch authentisch. Was bringt dir ein komplizierter Oma-Dutt, an dem du alle drei Minuten herumfummelst und ihn auf seinen richtigen Sitz hin überprüfst, wenn du sonst zum Ausgehen auch nur einen Pferdeschwanz trägst?

## Begrüßen und Beschnuppern

Bist du vor ihm beim vereinbarten Treffpunkt, kannst du in Ruhe die Lage peilen und deinen Platz frei wählen.

Sag deinem Date, wo du zu finden bist, falls du umdisponieren musstest. Dann brauchst du nicht ständig Ausschau halten, sondern kannst gelassen Zeitung lesen oder online weitere Dates checken.

Bist du aufgeregt und fragst dich, ob du hübsch und begehrenswert genug bist? Das ist normal.

Atme tief ein und langsamer wieder aus. Das beruhigt dich. Halte dich nicht mit störenden Fragen auf, ob du ihm gefallen wirst oder ob das Date langweilig wird. Bleib im Hier und Jetzt und freue dich auf das, was kommt. Und, oh lala, da kommt so einiges Entzückendes daher. Wir denken an dieser Stelle an den griechischen Gott, den Ballonfahrer und den spanischen Stierkämpfer und müssen wieder einmal wissend grinsen.

Die Art, wie ihr euch begrüßt, zeigt bereits, ob ihr Gefallen aneinander findet. Verhalten, schüchtern oder verklemmt sind jene, die sehr unsicher und befangen sind. Doch sei dir sicher: Steht dein persönlicher griechischer Gott vor dir, dann merkst du das in Sekundenschnelle.

Es gibt nur eine einzige Frage, die zählt: „Will ich Sex mit ihm?" Bei einem klaren „Ja" schaltet dein Körper auf Autopilot. Du wirst voller Freude die Zaghaftigkeit über Bord werfen und dein Date mit

Küsschen links und rechts begrüßen. Das ist ganz wichtig, denn auf diese Weise kannst du sofort probeschnuppern.

Außerdem kommt ihr euch dabei näher und du spürst auch ein wenig mehr von seinem Körper. Wie athletisch, muskulös, kurvig oder zart er ist. Sobald ihr euch gegenseitig gefallt, ist da pure Magie. Du kannst auch schnöde von sexueller Anziehungskraft sprechen, doch ist magisches Prickeln nicht viel schöner?

**Unser Tipp**: Die Optik kann vom Geruch ablenken. Achte darauf, ob dir gefällt, was du erschnupperst. Denn wenn du Sex haben willst, werden auch andere Teile von ihm so riechen wie das, was du abseits vom aufgetragenen Männerparfum erschnupperst.

## Eingrooven

Wir sind gerne in Clubs unterwegs, denn wir lieben es, wenn sich die Leute pressend eng aneinander vorbeischieben müssen, während laute Musik aus den Boxen wummert und der Boden vibriert. Club-Sessions haben auf uns einen noch besseren Effekt als einstündige Yoga-Sessions: Sie bringen uns in Tiefenentspannung und aktivieren gleichzeitig das echte Superwoman Feeling.

Mit der Superwoman Leuchtdiode auf „an" gestellt, leuchtest du bei potenziellen Männer-Kandidaten sofort am Radar auf. In guten Clubs lässt es sich altersunabhängig abtanzen und flirten. Die Tanzfläche ist eine wunderbare Begegnungszone. Nutze alle Chancen, die sich dort bieten. Immerhin hast du einige Euros an Eintritt gezahlt und ein Recht darauf, unterhalten zu werden.

Häufig machen Männer den ersten Schritt, verringern die Distanz und zeigen durch eine dezente Berührung an den Hüften ihr Interesse am weiblichen Gegenüber. Wird diese erste Kontaktaufnahme mit dem Verringern der Distanz, einem Lächeln oder aktiven Heranziehen befürwortet, entspricht dieses Verhalten dem Wischen nach rechts. Voilá, es gibt ein Match!

Die Qualität der frisch geknüpften Verbindung lässt sich am besten mit einem tänzerischen Vorspiel, dem sogenannten Eingrooven, überprüfen. Das bedeutet, dass du beim Tanzen zu Hits der 90er, Balkan-Pop oder House-Musik sein Rhythmusgefühl überprüfst. Es geht, und das ist wichtig, nicht um tänzerische Qualitäten an sich – wir selbst sind weder Primaballerinas noch Streetdancerinnen –, sondern darum, ob sich dein und sein Körper im Einklang bewegen können.

Klappt das Eingrooven auf Anhieb, ist eine weiteres Level geschafft und du kannst mit Neugier und einer leicht positiven Erwartungshaltung dem Probeknutschen entgegenfiebern. Männer, die im Gleichklang mit uns schwingen, zaubern uns das typische Marienlächeln auf die Lippen und lassen uns ein wenig high aussehen. Glaub uns: Wenn sich ein gut gebauter Körper von hinten an deinen schmiegt, du in deiner Pogegend die Ausbuchtung seiner Hose spürst und du bei zufällig dorthin gerichteten Bewegungen sein leises Stöhnen hörst, ist das ganz einfach nur fantastisch. Natürlich muss die Beleuchtung passen, denn unter grellen Bebrütungs-Birnen lässt es sich schwer stimmungsvoll auf der Tanzfläche fummeln. Und ja, zum Tanzen geht man auf die Tanzfläche, zum Eingrooven und Fummeln aber auch.

Dass du dabei unter Umständen sogar auf bekannte Gesichter triffst, kann vorkommen. Ob du künftig das Lokal oder die Stadt wechseln sollst, hängt davon ab, ob es sich um Kollegen, Bekannte oder Verflossene handelt.

Manchmal passiert es auch, dass dich jemand freudig erspäht hat, anzudocken versucht und leider feststellen muss, dass du heute jemand anderes als ihn auserkoren hast und somit schon belegt bist.

Das Gute daran ist, dass du einen moderaten Reserve-Mann an deiner Seite hast, wenn dein Match beim Probeknutschen ablost. Je nachdem, was du dir für den entsprechenden Abend vorgenommen hast, solltest du in diesem Fall entweder ohne zu knutschen weitertanzen oder möglichst rasch den Partner wechseln.

Männer, die schon auf das Probeknutschen ein Minus bekommen, werden wie Aschenputtels schlechte Erbsen aussortiert. Sicher lässt sich über Geschmack streiten. Doch sabbernde, an den Lippen saugende und beißende Männer, die mit ihrer schleimigen Ziegenbock-Zunge in deinem Mund herumstochern, willst du nicht an deinem Rockzipfel kleben haben, geschweige denn später deine erogenen Zonen suchen lassen.

**Unser Tipp**: Verabschiede dich charmant und elegant von Kuh-Flair-Koffern und klemme dich stattdessen an die Fersen jenes ehemaligen Sex-Dates, das unverhohlen abermals starkes Interesse an dir zeigt. Obwohl oder gerade weil ihr bereits miteinander im Bett gewesen seid, haben sich deine strengen Mindestanforderungen bereits bewährt. Kluge Männer wissen, dass Neues nicht immer besser ist, sondern vertraute, knisternde Vibes das Blut definitiv in Wallung bringen. Insbesondere, wenn du deine sexuelle Lust ungezügelt auslebst und dich nicht genierst, wenn die Nachbarn ab und an auch ein wenig von deinem Spaß mitbekommen.

## Backup statt Nullrunde

Wenn du dich ins Ausgehleben schmeißt, dann am besten mit einer Freundin, die genauso viel Durchhaltevermögen zeigt wie du. Mit wem sonst willst du ausgelassen tanzen, trinken, quatschen und passende Testos fürs Bettgeflüster checken?

Für Männer sind Frauen in wohlgelaunter Stimmung so anziehend wie ein Magnet. Damit du nachts um halb drei nicht beim Falschen kleben bleibst, sollte dir deine Freundin ein exzellenter Bodyguard sein, indem sie dich gebetsmühlenartig an deine Mindestanforderungen erinnert, wenn du aus unerfindlichen Gründen Gefahr läufst, sie allzu kulant auszulegen.

Die Freundin ist auch dann vonnöten, wenn du einen konkreten Kandidaten auf dem Schirm hast. Sie hilft dir, seine Körpersprache und somit Persönlichkeit zu analysieren. Schließlich sollst du nicht an einen gefährlichen, einsamen Wolf geraten.

Solche erkennst du auf den ersten Blick daran, dass sie ohne Freund(e) gekommen sind. Meist hocken sie alleine an der Bar oder in einem Eck und nehmen die Rolle des distanzierten Beobachters ein. Sie stehen angewachsen wie ein Baum da und bewegen sich maximal in Richtung Barkeeper oder Toilette. Einsame Wölfe verhalten sich ernst und wortkarg. In ihrer Gegenwart fühlst du dich wie ein ausgesetztes, paralysiertes Lämmchen nachts im Wald.

Wir sagen dir: Lass die Finger von den einsamen Wölfen. Manchen von ihnen gefällt es, dich mit ihrer Ausstrahlung zu verunsichern oder mit ihrem subtilen Humor auf den Prüfstand zu stellen. Widerstehe der Versuchung, dich auf sie einzulassen. Männer ohne Rudel im Hintergrund sind frei von sozialer Kontrolle und freundschaftlicher

Maßregelung. Und bedenke: Auch für Rotkäppchen sah es eine Weile zappenduster aus.

Hast du dein sozial verträgliches Match gemäß den Mindestanforderungen gefunden, gib deiner Freundin unbedingt Bescheid, wohin du dich bewegst.

- Bitte sie, dich in regelmäßigen, am besten stündlichen Abständen, anzusimsen, um sich nach deinem Wohlbefinden und deinem Aufenthaltsort zu erkundigen.
- Schicke ihr deinerseits ein regelmäßiges Update.
- Von Vorteil ist in jedem Fall, wenn du deiner Freundin Name, Telefonnummer und sogar Autokennzeichen oder Adresse von deinem Match übermittelst. Notfalls kann sie dich über dein Mobiltelefon orten lassen.

**Unser Tipp**: Vereinbare mit deiner besten Freundin Notfallbegriffe, falls du nicht gut sprechen kannst in seiner Anwesenheit. Wenn du sagst, „Ich habe meinen Schlüssel vergessen", heißt das, sie soll vorbeikommen und ihn dir bringen. Wenn du sagst, „Ich habe vergessen, den Herd abzudrehen", soll sie umgehend die Polizei verständigen. Lass dein Handy auf jeden Fall eingeschaltet, damit du jederzeit telefonieren kannst und es im Notfall z.B. über deinen Mobilfunkbetreiber geortet werden kann.

# Reißleine ziehen

Deine Freundin kann dir nicht nur ein Gefühl von mehr Sicherheit vermitteln, sondern dich auch aus der ein oder anderen misslichen Lage befreien, indem sie dir durch einen kurzen Anruf oder eine Nachricht hilft, die Reißleine zu ziehen oder dich diskret von deinem Lover zu verabschieden.

Nimm dir auch ein Beispiel an den von uns gehörten Ausreden zum Abflug. Lerne von den Routiniertesten und lass nach dem Höhenflug zum Abflug Sprüche wie diese total überzeugend von deinen Lippen kommen:

- „Oh sorry, schon so spät. Ich muss zum Dienst."
- „Meine Schwester hat sich ausgesperrt, ich muss ihr den Reserveschlüssel bringen."
- „Heute ist ein Familienfest. Wir treffen uns alle zum Brunch."
- „Ich muss los, bin total kaputt."
- „Meiner Freundin ist kotzübel, sie braucht meine Hilfe."

Die Loseisersätze sind am schönsten, wenn sie gemeinsam mit einem herzlichen Lächeln und einem Abschiedskuss aufgetischt werden.

### Ausreden zum Abflug

Vielleicht wirst du schneller als du denkst eine ähnliche Bandbreite an Ausreden in deinem Abschieds-Repertoire haben.

Wenn wir die Lust verloren haben, uns mit einem online gecasteten Kerl zu treffen, sind wir nicht im Nirvana verschwunden, sondern haben uns höflich und begründet verabschiedet. Das klang zum Beispiel so.

*Wir: Hi ... du, mir ist mein sexy Date von neulich wieder über den Weg gelaufen. Unser Treffen ist leider hinfällig.*

*Er: Alles klar. Viel Spaß!*

*Wir: Danke und sorry. War nicht darauf gefasst.*

*Er: Passt schon.*

*Wir: Danke, dass du nicht angefressen bist.*

*Er: Kein Thema. Vielleicht klappt es ja ein anderes Mal mit uns und wir erleben ein Abenteuer.*

*Wir: Ja, vielleicht. Darf ich mich wieder bei dir melden?*

*Er: Natürlich. Zum ein-, zweimal F\*cken passt das schon.*

Ja, du hast richtig gelesen. Leider wurde es nichts mit dem realen Abenteuer. Der Kandidat stellte sich in weiterer Folge als unsympathisch und notgeil heraus.

**Unser Tipp**: Habe zwei, drei Standardsätze parat, die dir leicht über die Lippen kommen, dann musst du dir im Bedarfsfall keinen zurechtzimmern.

**Deine Lieblingsausreden:**

------------------------------------------------------------
1.



------------------------------------------------------------
2.



------------------------------------------------------------
3.



------------------------------------------------------------

# Abchecken

Egal ob online oder offline gecastet: Du sollst aus jeder Begegnung unversehrt in dein echtes Leben zurückkommen. Dazu gehört, dass du deine Mindestanforderungen weder unterläufst noch dich auf sexuelle Handlungen einlässt, die dir zum Nachteil gereichen.

**Vorsicht**: Sex an sich ist eine gefährliche Sache. Darum sind Gummis kein Garant für Sicherheit, sie machen Sex lediglich safer. Bevor du also mit deinem Testo zum Suchen der geeigneten Spielwiese das Lokal verlässt, sollst du ein paar kleine Dinge abchecken:

- Wirkt dein potenzieller Fang vital und drogenfrei?
- Was erzählt er dir aus seinem bisherigen Leben?
- War er gefragter Erotikstar oder – angeblich – lange in einer festen, treuen Beziehung?
- Hat er bislang immer mit Gummi Sex gehabt oder berichtet er vom „Mit Gummi kann ich nicht kommen"-Problem?
- Kommen, während ihr miteinander offline flirtet, andere Frauen daher, die ihn sehnsüchtig beäugen und dir einen giftigen „Du blöde Bitch-Blick" zuwerfen? Wenn ja, lässt er sich dadurch irritieren oder ist er klar auf dich fokussiert?
- Kennt er die Türsteher und Barkeeper persönlich, gibt es viele sympathische Handshakes und Schulterklopfer und ist er ein gern gesehener Gast?
- Wieso triffst du ihn ausgerechnet hier und heute?

Finde seine dominante Geschichte heraus und hake charmant nach. „Nein Danke!" zu sagen ist immer legitim, und bevor es zum Sex kommt, musst du eine Sache definitiv tun: mit ihm Probeknutschen.

Sei dir sicher: Männer, ob verfügbar oder nicht, sind immer offen dafür. Wenn sie dich trotz eindeutiger Körpersignale nicht küssen wollen, sind sie vergeben oder ihr Herz schlägt für eine andere.

Für dich als Newbie ist, wie bereits erwähnt, das Probeküssen extrem wichtig. Nur so findest du heraus, wie sein Zungenspiel ist, ob er gut schmeckt und ob er trocken oder schlabberig küsst. Du merkst, ob er seine Art zu küssen durchzieht oder auf dich und deine Art zu küssen eingeht.

Küsst er grob, gierig und fordernd, bohrt er seine Zunge gegen deinen Willen in dich hinein oder zieht er deine Lippen schmerzhaft wie mit einem Saugnapf in sich hoch, dann mach dich höflich vom Acker. Der Sex wird genau so sein, und wer will schon mit einer ferngesteuerten Bohrmaschine intim werden.

Küsst er hingegen so, dass dir kribbelig oder schwindlig wird, dann hat er den Live-Check gerockt. Wir waren anfangs viel zu blauäugig und haben auf das Probeknutschen und die damit verbundene Duftprobe verzichtet. Das passiert uns nicht mehr. Und du, fang schnell damit an!

**Unser Tipp**: Das Abchecken ist eine höchst spannende Sache. Versuche, im Gesprächsfluss zu bleiben, und baue unsere Fragen so lange ein, bis du deine eigenen entwickelt hast. Reserviere im Gespräch dafür fünf bis zehn Minuten Extrazeit. Halte dich lieber kurz und setze dann mit dem Probeknutschen fort.

## Safer Sex und Safer Sex-Betrüger

Wir fahren angegurtet mit dem Auto und finden Safer Sex genauso notwendig. Wie gesagt, Sex mit einem Fremden ist immer ein Risiko und allein du entscheidest, ob du mit möglichen Konsequenzen leben kannst.

Die eine Sache solltest du fix geklärt haben, und das ist definitiv die Gummi-Frage.

Ein Typ, der dir jetzt sein „Mit-Gummi-kein-Ende-Problem" offenbart oder meint „Alle Frauen vertrauen mir", bekommt kein Einfahrtsticket. Dafür erhält er die Chance, sich umzuentscheiden. Ob dein

Kerl nur ohne Gummi zum Orgasmus kommt oder bisher lieber uneingetütet kommt, ist im gegenwärtigen Beziehungsstatus irrelevant für dich. Das Einfahrtsticket gibt es jedenfalls nur gut eingepackt.

Vielleicht solltest du anlässlich der Gummi-Diskussion auch betonen, dass du seinen Samen weder in den Mund gespritzt bekommen willst noch schlucken möchtest, weil unter uns gesagt beide Praktiken nicht den Safer Sex-Maßnahmen entsprechen.

Was beim Autofahren die Gurtpflicht, ist bei Probefahrten mit Ahs und Ohs die Gummipflicht. Kerle, die das nicht verstehen wollen, sind Mängelexemplare und du vertschüsst sie so bald wie möglich!

**Vorsicht!** Es gibt auch Safer Sex-Betrüger. Beim sogenannten „Stealthing" ziehen sich Männer zuerst einen Gummi über, um ihn dann ohne das Wissen der Frau beim Stellungswechsel wieder abzuziehen oder derart zu manipulieren, dass er reißt.

**Die Varianten beim Safer Sex-Betrug reichen hier von**

- Abziehen während Sex von hinten über

- in einer Sex-Pause so weit nach vorne rollen, dass er abgehen wird bis hin zu

- absichtlichem Perforieren vor dem Sex,

- Überspannen, damit er vorne platzt oder

- Einölen mit ölhaltigem Babyöl, das den Gummi durchlässig macht.

Ein solches Verhalten ist verantwortungslos und sollte in jedem Fall zur Anzeige gebracht werden, auch wenn dies mangels Ausreden „Oh, er ist wohl abgerutscht" schwer zu beweisen sein könnte. Kontrolliere bei einem neuen Partner am besten wiederholt, insbesondere bei viel Bett-Akrobatik, ob der Gummi noch dort ist, wo er sein soll, und sieh dir ab und zu an, ob er auch wirklich dicht ist. Kümmere dich selbst um das passende Gummi- bzw. Latex-Material und ergänzendes Gleitgel, damit er gar nicht erst verleitet wird, ungeeignete Produkte an und in dir zu testen.

In der Schweiz gab es laut Medienberichten unlängst einen Prozess wegen „Stealthing" und der betroffene Mann wurde der Vergewaltigung schuldig gesprochen.

Doch letztlich nützt dir auch ein gewonnener Prozess nichts, wenn du durch das Verhalten eines absichtlich fahrlässig handelnden Mannes schwanger geworden bist oder dir eine übertragbare Krankheit eingehandelt hast.

Kontrolle ist daher sinnvoll und notwendig, schließlich weißt du zu Beginn nicht, an wen du geraten bist. Doch zurück zum Punkt, denn die „Stealthing"-Männer sind zum Glück eine Seltenheit.

Kaum zu glauben, aber wahr: Männer, die wie echte Männer aussehen, werden wegen des Gummigebots zum Jammerlappen und Bittsteller. Wir hatten es echt nicht für möglich gehalten, wie viele Paarungswillige es gibt, die Schwierigkeiten haben, mit Gummi zu kommen.

Die gründliche Recherche offenbarte zumindest zwei Gründe: Der eine hat damit zu tun, dass bei beschnittenen Männern möglicherweise zu viel abgeschnippelt wurde und ihre empfindsamste Stelle im Laufe der Zeit durch dickere Haut unempfindsamer geworden ist.

Der andere Grund ist, dass ein gut bestückter Mann, dessen Penis sogar im XXL-Kondom eingeschnürt wird, vom Kommen abgehalten wird. „Kein Ende mit Gummi" heißt, dass der Mann vielleicht eine volle Stunde benötigt, bis er sich gut genug spürt, um abzuladen. Für dich bedeutet das, dass du viel Gleitgel benötigst. Sonst fühlt sich sein Penis für dich irgendwann wie Schmirgelpapier an – keine gute Idee, denn solche Reibereien hinterlassen schmerzhafte Erinnerungen für Tage, wenn nicht sogar Wochen.

Zum Thema Extra-Gummis gibt es noch folgende Story: Einmal trafen wir einen Mann, der mit Gummi ganz einfach nicht kommen konnte. Er wollte es sich weder selbst machen noch weibliche Hilfestellung dabei haben. Beim dritten Besuch bekam er extradicke Gummis aus dem Online-Sex-Shop verpasst. Und siehe da: Es klappte auf Anhieb! Mit stolz geschwellter Brust wurde der Erfolg zur Kenntnis genommen.

Achte auf die Lagerhaltung, denn die Extradicken bekommst du nicht überall. Betrübt stellten wir daher eines Tages fest, dass die Extradicken aus waren. Unglücklicherweise waren wir zum dritten Mal in sechs Tagen mit unserem potenten Sixpack-Ken verabredet und die Online-Lieferung kam zu spät. In einem Anflug von Faulheit überlegten wir blöden Gänse ernsthaft, ob wir zu den herkömmlichen Gummis greifen sollten, die wir bis dato noch nicht an den Mann gebracht hatten. Doch zum Glück siegte die Vernunft und wir machten uns nach einer lustvollen Nacht zum nächsten Sex-Shop auf. Diesen kannten wir bislang nur von außen. Die assistierende Dame peilte sehr wohl, dass wir zwar erstmalig im Shop, aber gewiss keine Anfängerinnen mehr waren.

Nachdem sie uns bei der Auswahl eines besonderen Gleitgels beraten und vor anderen Fehlkäufen bewahrt hatte, erzählte sie, dass unsere Spezialgummis das Standvermögen der Testos verlängern würden. Zwinkernd meinte sie: „Wenn man das als Frau mag" – und machte eindeutige Hüftbewegungen dazu.

**Unser Tipp**: Verwende immer ein Kondom und hab eine ausreichende Anzahl davon bei dir. Investiere definitiv in die extradicke Variante mit verlängertem Stehvermögen.

## Eisprung-Tabu

Welche Verhütung du für dich während deiner Zeit im Männer-Dschungel wählst, solltest du dir gut überlegen.

Für den Fall, dass deine Fortpflanzungsfähigkeit weder durch Pille, Spirale, Dreimonatsspritze oder sonstige dauerhafte Verhütungsmethode zuverlässig ausgeschaltet ist, musst du – trotz Gummi! – deinen Zyklus gut kennen.

**Zur Erinnerung, mit dem Eisprung, das geht so:**

Tag 1 des Zyklus ist der erste Tag deiner Regelblutung. Allgemein sagt man, dass die ersten 6 Tage im Zyklus als unfruchtbar gelten.

Danach wird es dann deutlich riskanter. Spätestens sobald du Scheidenschleim wahrnimmst, bist du fruchtbar. Mit etwas Gespür für den eigenen Körper lernst du, fruchtbaren von hoch fruchtbarem (glasig wie Eiklar) Schleim zu unterscheiden.

Wichtig: Hüte dich davor, die Fruchtbarkeit nur nach diesen Symptomen zu bewerten! Um wirklich sicher sagen zu können, wann du fruchtbar und wann du unfruchtbar bist, musst du zusätzlich deine morgendliche Aufwachtemperatur messen, am besten noch liegend im Bett vor dem Gang zur Toilette. Dadurch erkennst du, wann der Eisprung stattgefunden hat. Das ist ungefähr zur Mitte des Zyklus der Fall.

Bedenke: Den Eisprung vorherzusagen ist, wie das Wetter sicher vorherzusagen. Mit einem Wort: unmöglich. Erst drei Tage nach dem Eisprung bist du unfruchtbar, und zwar bis die Regel wieder einsetzt beziehungsweise bis zum 6. Zyklustag. Wie genau du Fruchtbarkeit und Unfruchtbarkeit bestimmst, erfährst du in einschlägigen Büchern zur Natürlichen Familienplanung (NFP).

Wenn du deine Aufwachtemperatur – am besten digital im Po – misst, hast du übrigens noch einen Vorteil: Am Tag, an dem die Temperatur sinkt, setzt deine Menstruation ein. Du wirst also nicht mehr von einer blutigen Unterhose überrascht, wenn du dich entschließt, ein Zyklustagebuch zu führen. Eine Zyklus-App kann ebenfalls ganz gute Dienste leisten, um die Übersicht zu behalten.

Bleibt dein Testo just am fraglichen Kommt-meine-Mens-schon-heute-Tag über Nacht, dann verschwinde morgens nach dem Aufwachen kurz im Bad, um dort diskret die Aufwachtemperatur zu messen.

**Vorsicht**: Wenn du erst sehr spät bzw. erst in der Früh ins Bett gegangen bist oder einiges an Alkohol getrunken hast, wird die Aufwachtemperatur morgens vermutlich unabhängig vom Zyklustag in einer Hochlage sein. Selbst dann, wenn du deine Mens bekommst und sie eigentlich abfallen sollte. Besondere Ereignisse verfälschen nämlich die sogenannte Basaltemperatur und bringen deshalb falsche Ergebnisse. Das heißt: Wenn du am Vorabend selbst geglüht hast, dann tut das am Morgen danach auch dein Thermometer.

Es ist in jedem Fall sinnvoll, wenn du deinen Zyklus analysierst, bevor du ein heißes Date hast. Vielleicht bist du ja auch eine leichte Sicherheitsfanatikerin. Dann stellst du dir vor, wie sich eine Verhütungspanne auswirken könnte – und diese ist an Eisprungtagen und den Tagen davor mehr als ungünstig.

Abgesehen vom Supergau HIV oder ekligen Geschlechtskrankheiten ist das zweitschlimmste Szenario zweifellos eine ungeplante

Schwangerschaft mit Mr. X. Männer, die einem perfekten Lover entsprechen, sind meist trotzdem nicht jene Sorte Mann, die man bauchwehfrei seiner Familie als Papa in spe vorstellen möchte.

> *„Mama, du wirst Oma. Das ist mein neuer Freund. Wie man seinen Namen genau ausspricht, kann ich dir leider nicht sagen, da ich nicht weiß, was seine Muttersprache ist. Wo er wohnt, weiß ich nicht, wir gingen immer zu mir. Wo ich ihn kennengelernt habe? Um zwei Uhr morgens im Club."*

**Unser Tipp**: Vermeide also tunlichst Situationen wie diese, indem du über deinen Zyklus Bescheid und Ansteckungen und Schwangerschaften zu verhindern weißt.

## Zu dir oder zu mir?

Wenn du deinen Fisch geangelt hast oder als Hirschkuh im Fadenkreuz des Jägers stehst und die Vibes passen, geht es nur um das Eine: Wo finden das weitere Vorspiel und die Finalisierung statt? In der eigenen Wohnung oder doch im Hotel? Natürlich gibt es darüber hinaus frei zugängliche Parks, öffentliche Toiletten und Tiefgaragen, doch wahrscheinlich wirst du dich – zumal vom Wetter unabhängig – in einer zivilisierten Umgebung wohler fühlen.

Bist du Single und fühlst du dich in deinen eigenen vier Wänden am sichersten, weil es dein Revier ist? Wir sagen dir, das ist kein Garant für Sicherheit. Lediglich dafür, dass du deine innere Alarmbereitschaft bei dir zu Hause etwas runterfahren kannst und durch das Loslassen offener für viele Ahs und Ohs bist.

**Unser Tipp**: Achte unbedingt darauf, dass der Kerl kein Video von euren Spielereien am Smartphone dreht. Dazu dürftest du nicht mal pinkeln gehen. Also gehe lieber im Lokal noch einmal aufs Klo und mach dich nochmal hübsch, damit es später nicht zu viel Leerlauf für Blödsinn gibt.

# Auf die Plätze, fertig, los

Hat dein Typ das Probeknutschen und Beschnuppern exzellent bestanden und habt ihr einen sicheren Ort gefunden, an dem ihr euch näher und noch ein wenig näherkommen wollt, ist sie auch schon da: die Hürde, sich körperlich anzunähern und mit dem anzufangen, was ihr vorhabt.

Das Gefühl, von einem fremden Mann umgeben und ein wenig später von ihm heißblütig genommen zu werden, ist sehr eigenartig. Keine Frau braucht sich vorzumachen, dass es auch nur ein bisschen anders ist.

Ein Sex-Date reduziert Männer und Frauen auf Wollen, Nehmen und Genommenwerden.

Und sein so wichtiger Orgasmus mit der Fremden? Unsere Männer hatten ihr Drehbuch fix im Kopf, wie sie kommen wollen.

Vielleicht ein guter Hinweis für dich, dir schon vor dem Treffen zu überlegen, welches die geeigneteste Position und Praktik für dich ist, damit auch du erfolgreiche Höhenflüge bewerkstelligst.

Natürlich kannst du den Moment, sich außerhalb des Aufrissortes näher zu kommen, mit Wasser oder Alkohol, Reden oder Fernsehen hinauszögern. Doch er ist spürbar da.

Am besten überwindest du ihn nicht mit Verzögerungstechniken, sondern gehst es offensiv an.

**Und zwar so:**

- **Schritt 1:** Reden, Kichern und die Wand anstarren macht es nur unangenehm. Sei fokussiert und gehe den ersten Schritt, wenn sich dein Herzblatt nicht traut. Dies wäre jedoch ungewöhnlich, da Männer ihr Ziel immer im Visier haben.

- **Schritt 2:** Stelle am Zielort möglichst schnell wieder eine sexuelle Beziehung durch Körperkontakt her. Du kannst ihm über seine kräftigen Oberarme streichen, seine Lippen küssen oder die aus dem heißen Hemd blitzenden Brusthaare streicheln.

- **Schritt 3:** Du kannst dich auf seinen Schoß setzen und ihn dabei küssen, deine Hand auf die Innenseite seiner Schenkel oder die Wölbung seiner Hose legen und seine Wärme spüren.

Unsere Kandidaten haben jedenfalls ganz direkt die Nähe gesucht und losgelegt. Mal etwas vorsichtiger, mal leidenschaftlicher. Da wurde mal das Bein gestreichelt, die Arme auf die Schultern gelegt, aneinandergerückt, sanft mit dem Finger über den Ausschnitt gestreichelt oder einfach ein heißer Kuss geschenkt. Das alles sind Startkommandos für herzerfrischende Momente oder Stunden.

**Unser Tipp**: Selbst, wenn du deinen perfekten Lover für die bestimmte Nacht gefunden hast, geht es erst los, wenn es auch wirklich losgeht. Ergreife daher die Initiative oder zeige, dass du bereit bist.

## Erotik und Co

Männer, die online casten, wollen offline kommen. Sie haben ihre Vorstellung davon, wie das am besten funktionieren kann. Einen gefragten Mann auf der Jagd erkennst du wahrscheinlich daran, dass er deinem Körper und deiner Klitoris nicht ganz so viel Aufmerksamkeit schenkt, wie du dir ersehnst.

Er versucht zwar, dich aufzuwärmen, und genießt deine Berührungen, aber er will trotzdem zügig zur Sache kommen. Er wird dich am liebsten von hinten nehmen oder dich bitten, dass du dich auf ihn setzt und ihn kräftig reitest. Mit seinen Händen auf deinem Po wird er das Tempo bestimmten wollen und egal, in welcher Position ihr euch befindet, er wird Regie führen wollen.

Es ist deine Aufgabe, dich einzubringen und dafür zu sorgen, dass auch du bekommst, was du willst. Und dass du kommst.

Du solltest auch bei deinem ersten Live-Date keinen Orgasmus verschenken, sondern deutlich artikulieren, wie er dir dabei helfen kann, einen zu bekommen.

Wiederhole nicht die dümmsten Fehler der Vergangenheit, wo du möglicherweise reine Pflichterfüllerin für männliche Abspritzorgien warst. Ein Mann, der nicht kommt, wird bemitleidet. Eine Frau ohne Orgasmus wird jedoch kaum als unbefriedigt wahrgenommen. Ändere diese Einstellung und lege von vornherein fest: Wenn der Orgasmus nicht beim klassischen Sex passiert, soll dein Lover bitte später mit den von dir gewählten Hilfsmitteln so lange wirkungsvoll nachhelfen, bis es klappt.

Wenn du lange in einer fixen Beziehung warst und Sorge hast, du wärst nicht mehr up to date, dann schau doch mal doch mal bei einer kostenlosen Erotik-Plattform im Internet rein. Fast alle tun zwar so, als ob sie das pfui finden, doch viele Männer mögen das, was sie sehen und hören. Und Frauen kann das eine oder andere auch geil machen.

Große, wippende Brüste. Rasierte Intimzonen. Am Lustdolch lutschende und wegen übergroßer oder sehr tief reingesteckter Exemplare würgende Frauen. Auch wenn das Stöhnen in unseren Ohren bisweilen nach Fake klingt und das Durchgenudeltwerden im Akkord – von Männern, die sich manuell in Stimmung halten, bis sie auch endlich dran sind, wie die Bohrmaschinen stoßen und feige dabei eine Augenbinde tragen – eher befremdlich erscheint, so ist es doch sehr lehrreich. Es zeigt, was sich viele Männer unter geilem Sex vorstellen.

Und sei dir sicher, wenn sie dir ihre Fantasien im Sex-Chat schreiben, ist es meistens das, was du gestern im Online-Erotikfilmchen gesehen hast. Diverse einschlägige Internet-Portale sind somit Trockentraining und zeigen dir, was dich erwarten kann.

Wie immer ist es deine Entscheidung, stopp zu sagen und das Drehbuch umzuschreiben. Weil du es dir wert bist, solltest du alles dran setzen, damit sich das Sex-Date auch für dich lohnt. Du bist keine Gummipuppe, und wer bloß rammeln will, kann das auch für gutes Geld woanders kriegen. Handle verantwortungsvoll und halte reißfeste Gummis plus gut verträgliches Gleitgel parat. Etwas wund zu sein nach intensivem Sex mit Gummikappe ist normal. Durchgeschwitzt, befriedigt und außer Atem wäre der Idealzustand.

**Unser Tipp**: Sorge dafür, dass auch du maximale Befriedigung erfährst und gleichzeitig deine gesteckten Grenzen eingehalten werden.

# Performance

Wie du schon weißt, sagt dir die Art, wie ein Mann Sex macht, ob er häufig zum Schuss kommt oder das Erlegen der Beute eher Seltenheitswert hat. Ein sehr gefragter Mann wird dich als Nummer X in seiner Trophäensammlung betrachten. Es wird ihm nicht ganz so wichtig sein, dich rundum zu verwöhnen und dir deine Ohs zu besorgen. Solche Männer sind nach der Finalisierung schon beim Anziehen, weil sie bereits die nächste Kandidatin am Radar haben. Sie sind kontinuierlich mit Muschis versorgt und schenken dir ihre Aufmerksamkeit nie ungeteilt.

 Trotzdem wollen sie, außer zumindest einmal abgeladen zu haben, noch eine Dosis Selbstbewusstsein mitnehmen, indem sie dich zum Beispiel fragen:

- „Ist meiner groß genug?"
- „Ist meiner dick genug?"
- „Findest du ihn schön?"
- „War er der schönste bisher?"
- „Und, hat's dir gefallen?"

Seine Performance wird häufig auf das Einsatzmittel reduziert, obwohl wir stark für Technik vor Größe plädieren. Denn ein 25-Zentimeter-Teil allein ist noch keine Garantie für seine herausragende Sexpertise. Genau so wenig, wie jemand mit dickem Auto automatisch Rallye-Weltmeister ist.

Wir haben unsere Lieblinge in Sachen Form und Länge dennoch klar herausgefunden. Und es versteht sich von selbst, dass die Performance keine vom Mann erbrachte Single-Leistung ist, sondern wir sehr wohl selbst unseren Beitrag leisten, damit die Ahs- und Ohs-Bilanz stimmt. Natürlich mögen wir es, wenn wir es mit dem perfekten Lover zu tun haben, sonst fühlen wir uns wie eine Fahrlehrerin ans erste Einparken erinnert oder bekommen eher eine lauwarme Abreibung als die angestrebte, wunderbare, heiße Ganzkörpererfahrung serviert.

So, wie bei den Frauen noch nicht jede versteht, wie sie gut ankommen kann, gibt es auch unterversorgte Männer, die selten online wie offline andocken. Sie besorgen es sich selbst regelmäßig und leidenschaftlich. Doch der Handjob ist nie dasselbe, wie in die warme, pulsierende Liebeshöhle eindringen zu dürfen. Weniger umschwärmte Liebeskandidaten werden deinen Nacken küssen, deine Brüste bewundern, die Brustwarzen zwirbeln und klopfen und sanfte Flatterküsse verteilen.

Sie werden sich in Ruhe den weiblichen Gefilden nähern und deinen Kitzler suchen. Mit dem Daumen werden sie ihn sanft berühren und streicheln und, sobald du feucht genug bist, mit dem Zeigefinger in deiner Muschi Komm-Her-Bewegungen machen. Sie werden dich hingebungsvoll lecken und von dir kosten. Sie werden deinen Körper wie den einer Göttin behandeln.

Sie werden dann beim Sex immensen Wert darauf legen, dass du kommst und dir genüsslich dabei zusehen. Sie werden später kommen oder ihren eingetüteten Schwanz rausholen, den Gummi abziehen und vielleicht auf deinen Bauch spritzen, wenn du es ihnen erlaubst. Sie haben nur das eine Ziel: Sie wollen dir eine Ganzkörpererfahrung schenken, damit du sie in lebendiger, heißer Erinnerung behältst.

Männer, die auch im echten Leben gripsbefreit sind, haben bei dir Halte- und Parkverbot. Du wirst sie maximal ignorieren und nie und nimmer in die Geheimnisse deine Lusthöhle einweihen.

Fühlst du dich hingegen wohl in seiner Gesellschaft, genießt du seinen bestenfalls wunderschönen Körper, findest du die Art, wie er dich küsst und berührt, anziehend, und ist seine Art, einen Stellungswechsel zu vollziehen, schlichtweg umwerfend, dann gönne dir nach einer kurzen Verschnaufpause Runde zwei.

Dass es auch ihm ausgesprochen gut mit dir gefallen hat, merkst du daran, dass er deine Nähe sucht und dich wieder berührt, sobald er das Kondom verknotet und sich sein Atem ein wenig beruhigt hat.

### Zum Beispiel macht er diese Dinge:

- Er streichelt deine Haare auf herrlich schöne Gänsehaut machende Weise.
- Er lächelt dich an und zieht dich in seine starken Arme.
- Er zwirbelt deine Brustwarzen.
- Er küsst deinen Nacken und die unteren Gefilde.
- Er tastet sich zu deiner Liebeshöhle vor und merkt, dass du schon wieder bestens einsatzbereit bist.
- Er blickt dich, dein Einverständnis suchend, an und greift nach einem neuen Kondom.

Das Fantastische an Runde zwei und allen folgenden ist, dass du schon weißt, wie er sich in dir anfühlen wird und du den Sex spätestens jetzt noch mehr genießen kannst. Vielleicht traust du dich auch noch mehr, deine Wünsche zu formulieren oder sie ihm zu zeigen. Ein guter Lover spürt im Unterschied zu einem Egoshooter, wann er sanfter oder härter, langsamer oder schneller machen sollte.

**Unser Tipp**: Ein Express-F*cker ist kein Lover, weshalb du dir solche vom Leibe halten sollst. Ein perfekter Lover dagegen ermöglicht dir – auch unter deiner Regieanweisung – sinnliche Ganzkörpererfahrungen, die um Längen besser sind als sämtliche Staffelfinale deiner Lieblingsserie.

# Finito

Das Ziel sind Ahs und Ohs bei dir, zumindest ein kleiner Oh. Dazu musst du wissen, wie du selbst am besten kommst, und dieses Wissen auch geschickt in das Drehbuch des Mannes einbauen.

Männer sind ergebnisorientiert gestrickt, was bedeutet, dass sie Erfolg anmacht. G-Punktlandungen sind ein sexy Kompliment und geben ihnen das Gefühl von Omnipotenz. Manche Männer haben, wie bereits erwähnt, Schwierigkeiten, mit Gummi zu kommen. Viele sind aber auch ganz einfach nur auf der Hut – weil sie nicht sicher sind, ob du wirklich die Pille nimmst oder eine Spirale trägst – und wollen nicht einmal gut eingetütet in dir kommen.

Die erstgenannten benötigen nach deinem Oh deine Aufmerksamkeit, es sei denn, es reicht ihnen, dich nackt zu sehen und selbst Hand anzulegen. Wenn du nicht scharf auf seine Körpersäfte bist, ist es am besten, du nimmst einen neuen Gummi. Dann kannst du an seinem Penis herumspielen und ihn mit dem Mund verwöhnen.

Die zweitgenannten sind meistens Gentlemen und fragen, wo sie ihren Samen abladen dürfen, nachdem sie den Gummi abgezogen haben. Achtung: Im Auge sollte er nicht landen, das ist unangenehm und birgt Infektionsgefahr. Vom Nabel abwärts ist auch tabu.

Wenn es für beide ein Happy End gibt, sieht niemand mehr so adrett wie beim Probeknutschen aus. Entscheide spontan, wer von euch zuerst ins Bad darf. Wenn du ihn zuerst lässt, kannst du dezent den Gummi auf seine Intaktheit überprüfen, dir etwas überziehen, die Haare mit der Bürste aus deiner Handtasche kämmen und nach Belieben noch etwas Makeup auftragen. Du möchtest ja, dass er dich auch abgearbeitet noch sexy findet.

Wenn du duschen gehst, kann es passieren, dass es an der Tür klopft und dein Herzblatt fragt: „Darf ich zu dir rein?" Dann braucht es klare Worte. Unsere Regel ist: Wenn er vorher gut performt hat und du dich hinreichend attraktiv fühlst, darf er dir Gesellschaft leisten und in der Dusche weitermachen. Aber nur mit neuem Gummi. Den Trophäensammler oder eine herbe Enttäuschung verabschiede vorher besser an der Eingangstür, damit du dich selbst in Ruhe der Körperpflege und dem Schönheitsschlaf widmen kannst.

**Unser Tipp**: Nach wirklich heißem Sex bist du naturgemäß nicht mehr adrett hergerichtet. Steh selbstbewusst dazu oder mache einen kurzen Zwischenstopp im Bad.

# Auf Wiedersehen?!

Irgendwann kommt er: der Moment, wo es angebracht ist, sich räumlich zu distanzieren. Schon komisch. Zuerst geht es darum, sich zu casten, Distanz zu überwinden, sich nah zu sein und miteinander oder hintereinander zu kommen – und dann, wenn man sich maximal nah war, sich wieder aus dem Lust-Radar zu entfernen.

Falls ihr vorher nicht schon Telefonnummern getauscht habt und der Gummi augenscheinlich intakt geblieben ist, lass es lieber sein. Das späte Fragen nach der Nummer weckt nur unnötige Erwartungen. Du fragst dich in den nächsten Tagen bestimmt immer, warum er sich nicht meldet.

Wenn du denkst, es sei wichtig, zumindest notfallmäßig in Kontakt bleiben zu können, weil du dir – zum Beispiel nach geplatztem Gummi – vielleicht eine Krankheit geholt haben könntest oder schwanger bist, solltest du unbedingt seine Nummer haben. Damit hier nicht geschwindelt werden kann, lass dich von ihm anrufen oder rufe ihn an, bis es klingelt. Dann siehst du, ob die Nummer stimmt.

Einen Sonderfall stellt hierbei ein leerer Akku bei dir oder bei ihm dar. Sofern du ein Mini-USB- und iPhone-Ladekabel oder eine universelle Powerbank zu Hause hast, kannst du hier ein paar Minuten Saft nachtanken und sein oder dein Gerät wieder zum Leben erwecken. Auf einen absichtlichen Trickser wirst du aber reinfallen. Manche Typen haben gute Techniken auf Lager, sodass du an ihre Nummer nicht rankommen wirst.

Es gehört zum guten Ton, sich zur Verabschiedung zu küssen und ein wenig nachzuwinken. Unsere Männer sind immer mit uns in die Wohnung gegangen und nach getaner Arbeit mit dem Lift wieder von dannen gefahren. Zuvor jedoch haben sie uns geküsst, zugewinkt oder hinreißend angelächelt, sodass wir wieder weiche Beine bekommen haben.

Sobald dein Testo zur Tür raus ist, wird es kommen. Entweder das Hochgefühl – oder das miese Gefühl der Enttäuschung.

Wenn er der Trophäensammler war, wirst du ihn maximal knutschend sehen mit jemandem, der nicht du bist. Halte dir vor Augen, dass es ein One war. Interpretiere nicht mehr hinein, als dass es lediglich um Sex und Ahs und Ohs ging. Dem Mann deines Lebens wirst du höchstwahrscheinlich nicht auf diese Weise begegnen. Und bedenke auch: Wenn du das Kennenlernen zu zügig im Bett fortsetzt, disqualifizierst du dich in den Augen mancher Männer leider als eroberungswürdige Beziehungskandidatin.

Einer unserer Kandidaten hat sich beim Verabschieden gleich ein Date für die Mittagszeit ausgemacht und ist tatsächlich wieder vor der Tür gestanden. Das kommt vor und war in diesem Fall überaus erfreulich! Doch besser ist es, wenn du zwar „Auf Wiedersehen" sagst, dich aber realistischerweise auf ein „Adieu" einstellst.

**Unser Tipp**: Ein Wiedersehen findet gewiss statt, wenn er dir noch am selben Tag eine 🌹, ein ♥ oder ein Knutschfoto aus dem Internet schickt. Kommt gar nichts, auch nicht drei Tage später, bist du vermutlich passé.

# Reservelady

Du meine Güte! Das hat gedauert, bis wir kapiert haben, warum der eine oder andere Trophäensammler nach dem Sex, dem Duschen, dem Sex in der Dusche oder dem Sex am Küchentisch mit anschließendem Duschen und Chillen auf der Couch das Gespräch gesucht hat.

Diese Trophäensammler hatten nur ein Ziel im Visier: Sie haben uns mit Orgasmen angefixt und durch das Gespräch Beziehung aufgebaut. Natürlich sagten sie da Sachen, die wir für bare Münze hielten und lediglich in Herzschmerz mündeten. Denn Gespräche mit „Er hat doch aber gesagt" kennt jede beste Freundin zu Genüge.

Ebenso den Umstand, dass Männer genau das meinen, was sie sagen. Mit dem feinen Hinweis aufs Kleingedruckte, dass nämlich jedes einzelne Wort nur in dem gesagten Moment Gültigkeit besitzt und spätestens morgen eine andere Frau oder das stinknormale Leben dazwischenfunkt.

Unsere Recherchen haben ergeben, dass Hardcore-Trophäensammler eine exzellente Strategie haben: Sie denken primär in Zahlen und leisten gediegene Vorarbeit für spätere sexuelle Versorgungsdefizite. Der ganze betriebene Aufwand mit feinen Gesprächen danach, bei denen er frisch geduscht und geschniegelt am Küchentisch sitzt, dient lediglich dazu, dich warmzuhalten. Und zwar für den Tag X, an dem es an einer neuen Auserwählten fehlt und das manuelle Selbermachen keine Option darstellt. Mit einem Wort: Du bist Reservelady.

Reservelady sein hat, wenn man sich seiner Rolle bewusst ist, auch Vorteile. Selbst du kannst eine sexuelle Durststrecke haben, und vielleicht lauft ihr euch genau dann zufällig wieder über den Weg. Oder aber er textet dich in Zeiten von Versorgungsmangel unerwartet mit: „Wie geht´s?", „Was machst heute noch?" an.

Männer, mit denen du bereits Probe gefahren bist oder auch wiederholt zugange warst, sind dir vertrauter, du lässt mehr los und erfährst unglaubliche Körpersensationen. Allerdings ist jeder Orgasmus auch ein Eigentor. Denn das ausgeschüttete Oxytocin ist ein Bindungshormon und bringt dich dazu, dass du diesen Mann auf ewig und tausend Jahre fabelhaft findest. Du reservierst dich gedanklich für ihn und bist für andere Männer nicht verfügbar. Was für ein Verlust!

Also: Wir alle wollen Ahs und Ohs, doch stell dich darauf ein, dass du mental nicht in der Rolle der Reservelady steckenbleibst. Außerdem sollst du dich von einem Typ umgehend entwöhnen, wenn er dich nur zu bestimmten Zeiten kontaktiert und sonst keinen Pieps von sich hören lässt. Er spielt mit dir oder hat zu Hause Familie.

 **Unser Tipp**: Bleib lieber abstinent, als dass dein Herz verbrennt.

## Warten für nichts

Früher, in der Vor-dem-Internet-Steinzeit, gab es beim Telefonieren nur eine Privatsphäre, wenn das Telefonkabel mindestens fünf Meter lang war. Deswegen hat man sich Dates im Vorhinein ausgemacht und war auch verlässlich da. Alles andere hätte bedeutet, viel Zeit ins neue Offline-Casting zu stecken. Mit ungewissem Erfolg.

Doch Verbindlichkeit und Verlässlichkeit sind von gestern. Heute heißt es aus dem Mund des Herzblatts lediglich: „Isch melde misch." Im O-Ton sagte er sogar: „Isch melde disch", was monatelang der Running Gag bei uns war, wenn es um Verabschiedungen ging.

Wie ihr seht, haben wir sprachungebunden gedatet, gefummelt und gevögelt. Doch autsch. Es erwischte uns auch mal emotional. Da gab es mehr als einen Prachtkerl, von dem wir liebend gerne eine Nachricht oder einen Smiley erhalten hätten. Als Beweis dafür, dass er weiß, dass wir auf die intimste Art der Welt verbunden waren und wir ihn gerne näher kennengelernt hätten.

In den krassen Herzschmerz-Fällen hätten wir uns sogar über den peinlichen, von Männern regelmäßig verwendeten Emoticon-Affen mit Händen vor den Augen tierisch gefreut. Als Beweis dafür, dass er weiß, dass er sich früher hätte melden sollen. Einfach nur, um Wort zu halten. Und als Feststellung der Tatsache, dass es mit dem Reserveladysein sein Ende hat.

Unserer Erfahrung nach bleiben verfügbare interessierte Männer am Ball. Sie melden sich regelmäßig, erkundigen sich nach deinem Befinden und eventuellem Männerbesuch und checken das nächste Zeitfenster für ein Wiedersehen sorgfältig ab. Die Trophäensammler hingegen melden sich nie oder fast nie, weil sie gut mit Frischfleisch versorgt sind.

Überlege dir ein persönliches Zeitfenster, das du bereit bist zu warten. Verstreicht es ohne Reaktion seinerseits, dann entferne ihn, auch wenn es weh tut, aus der Kontaktliste. Halte dir folgendes Faktum vor Augen: Es ist nicht sein Charakter, der dich anfangs bindet, sondern bloß der kosmische Orgasmus, den du mit ihm hattest. Und weil er seinen Samen, wenn auch latexfest verschweißt, hier und da verteilt, ist der gute Mann zu beschäftigt, um sich tagtäglich bei dir zu melden.

Diese Erkenntnis schmerzt. Sie hilft, dir vor Augen zu führen, dass um zwei Uhr nachts gecastete offline-Männer oder ihre online aufgegabelten Artgenossen meist nur deshalb die Nähe einer Frau suchen, um in ihr zu landen und – richtig: zu kommen.

Ganz im Ernst: Hat jemals einer deiner Männer sein Dating-Profil gelöscht, nachdem er bei und in dir war? Oder du selbst? Bestimmt nicht. Das liegt unter anderem daran, dass überall suggeriert wird, es könnte beim nächsten Wisch nach rechts und dem nächsten verteilten virtuellen Herzchen noch etwas Besseres auf dich oder ihn warten. Unser Frauenkenner hat uns verraten, dass das beste Match schon in den Kontakten abgelegt ist und nur noch nicht als solches wahrgenommen wird.

Auf nichts warten ist megadoof. Gewöhne es dir ab, indem du für den Moment im Hier und Jetzt lebst unter Berücksichtigung der Safer Sex-Bedingungen.

**Unsere Anti-Herzschmerz-Regeln lauten:**

- Stoppe jeden Anflug von Kopfkino, der typisch für Frauen ist.

- Höre auf, dir nach dem wunderbaren Sex mit dem griechischen Gott vorzustellen, wie es wohl wäre, gemeinsam mit ihm nach Athen zu fliegen, jede Menge Ouzo zu trinken und ein Kind zu machen.

- Stoppe den Gedanken, dich zu fragen, wie es wäre, mit dem Mechaniker, der so fantastisch geküsst hat, am nächsten Morgen in deinem Lieblingscafe zu frühstücken.

- Höre generell auf dir vorzustellen, wie es wäre, wenn der Typ, der dich antanzt, dein Mr. Right wäre.

All diese Gedanken führen zu nichts außer zu vergeudeter Zeit vor dem Handy und zu unzähligen Jammertelefonaten mit der besten Freundin.

**Unser Tipp**: Höre auf zu warten und mach etwas anderes. Geh laufen, versinke in deiner Lieblings-Fernsehserie und geh wieder auf die Jagd, online und offline.

## Aus dem Kopf kriegen

Erwischt! All unsere Anti-Herzschmerz-Regeln haben versagt und das Kopfkino war nicht zu stoppen. Du bist Reservelady, fühlst dich schäbig und ausgenutzt.

Du hast dich ein bisschen verliebt, obwohl er damals wohlwissend gesagt hat: „Bitte nicht verlieben, ich habe keine Zeit." Fast hättest du übersehen, dass du, während du auf allerheftigste Weise leidest und schmachtest, stillschweigend deine Kontakte durchgehst, um deine neuesten Likes und Kontaktanfragen zu prüfen.

Du bist genau wie er, mit dem kleinen Unterschied, dass du von etwas Schönem mehr möchtest, während er mehr Schönes mit einer Neuen erfahren will.

**Unsere Ertrage-deinen-Herzschmerz-Regeln lauten daher:**

- Mach dir deinen Herzschmerz bewusst.
- Sei dankbar dafür, dass du einen Mann getroffen hast, der optisch deinen Sehnsüchten entspricht, und dass du ihn in dir spüren konntest.
- Sei glücklich, wenn sich der Sex gut angefühlt hat und es keine Pannen oder ungute Situationen gab.
- Sei froh, dass du dich an der Seite dieses Mannes begehrenswert gefühlt hast.
- Sei happy, dass du das Leben spüren kannst.
- Akzeptiere das Gefühl von Schmerz und Leere, weil er weg ist und du ihn gerne noch länger bei dir gehabt hättest.

- Stehe dazu, eine Frau zu sein, die Sex und Gefühle nicht so gut trennen kann.
- Erinnere dich an das Bindungshormon und frage dich, ob es dir lieber gewesen wäre, ohne Orgasmus deinerseits auseinanderzugehen.
- Raff dich auf, kümmere dich um die Bettwäsche, mach sauber und tu dir Gutes.
- Zieh dir deine Laufschuhe an und renne los. Mit jedem Meter wird es zurückkommen, das wunderbare Gefühl, mit einem attraktiven Mann im Bett gewesen und den einen oder anderen Höhenflug erlebt zu haben.
- Vergiss die Ansprüche, die durch eine enge Bindung an dich und ihn entstehen. Explizit oder implizit.
- Koste diese sehr spezielle Phase deines Lebens aus.
- Memoriere die magischen Momente.

Wir sind sicher, das Reservelady-Gefühl wird früher vorbei sein, als du dir denkst.

**Und wenn du deinen Herzschmerz-Verursacher Tage später immer noch nicht aus dem Kopf kriegst, dann mache das Anti-Liebeskummer-Programm durch, das sich schon in deiner Jugend bewährt hat:**

- Heule und schniefe, schimpfe und rotze.
- Schreibe Tagebuch oder eine Abschiedsnachricht an ihn.
- Tröste dich mit dem Gedanken, dass bald schon ein neuer Held auf deinem Radar auftaucht.
- Und falls dir das nicht reicht, erfreue dich der positiven Wirkung, die Sex auf dich hat, wenn montags die Kollegen nach nur zwei Stunden Nachtschlaf zu dir sagen: „Du schaust super aus. Was hast du gemacht?"

Ziele sind richtungsweisend. Sobald du gewillt und fähig bist, den Stachel aus deinem Herzen zu entfernen, den dein Herzschmerz-Kerl dort hinterlassen hat, überprüfe die Wirkung deines Anti-Liebeskummer-Programms. Konfrontiere dich mit seinen Fotos und achte auch auf neue Profil-Fotos oder Neuigkeiten in den einschlägigen sozialen Netzwerken.

**Folgende Stufen des Herzschmerzes können dich erwarten:**

- **Stufe 1:** Dein Herz zerspringt vor Kummer und Sehnsucht. In deinem Kopf ist nur er.

- **Stufe 2:** Dein Herz ist traurig schwer und du fühlst dich elend. Dir gelingt es schon etwas besser, wieder an Alltägliches zu denken.

- **Stufe 3:** Du kommst wieder in Schwung. Jetzt kannst du dir seine Fotos und seine Beiträge mit einer gewissen emotionalen Distanz ansehen.

- **Stufe 4:** Du siehst, liest oder hörst etwas von ihm, doch es bringt dich nicht mehr aus dem Häuschen. Das liegt daran, weil du gewisse Mängel an ihm entdeckst und dich an den einen oder anderen etwas uncharmanten Kommentar von ihm erinnerst.

- **Stufe 5:** Du merkst, dass er in deinen Gedanken und in deinem Herzen schon zu weit weg ist, um dich aufzuwühlen. Dir fällt sogar auf, dass er mit seiner neuen Frisur an Attraktivität eingebüßt hat.

- **Stufe 6:** Momente später stellst du einfach so fest, dass er bei dir nicht mehr ist als eine Erinnerung an früher.

**Unser Tipp:** Das Gefühl von Liebeskummer vergeht. Speichere nur die magischen Momente mit deinem Herzschmerz-Verursacher, dann hat er in jedem Fall etwas Positives bewirkt.

# Verlieben? No way!

Ja, wir sind alle empfänglich für die Vorstellung von Liebe. Doch wer im online- und offline-Dating-Modus ist, soll wissen, dass sich verlieben den Flow hemmt. Damit es gar nicht so weit kommt, fokussiere dich auf das, was du suchst: Männer, die in dein Beuteschema passen, denen du erlaubst, dich zu nehmen und mit dir zu kommen. Natürlich solltest du nur jene Männer auswählen und in dich lassen, bei denen du ein magisches Prickeln verspürst und wo die sexuelle Energie unerwartet aufeinander donnert.

Das hatten wir auch und es war bombastisch. Und es ist uns mit Lovern und an Orten passiert, die wir nie für möglich gehalten hätten. Wir sagen dir: Männer spüren, wenn eine Frau vor sexueller Energie strahlt und verfügbar ist. Sex aus bloßer Lust heraus und Sex in Kombination mit Verliebtsein sind jedoch zwei komplett verschiedene Paar Schuhe – einmal Flipflops und einmal Wanderschuhe.

Wechselseitige Verliebtheit ist zwar super, sie reduziert in logischer Konsequenz jedoch die Anzahl der involvierten Personen auf zwei. Sex aus bloßer Lust heraus, angesichts der Vielzahl an verfügbaren und erstaunlich anziehenden Männern, erweitert den Zahlenkreis beträchtlich. Wenn dein Ziel also ist, Mr. Right zu finden, musst du dir klar sein, dass es beim online und offline Casting primär um Sex geht. Verlieben verkompliziert das Ganze und beschert dir schlimmstenfalls maximalen Kummer. Diesen gilt es zu tunlichst zu vermeiden.

Deshalb gilt: Stay focused, stay tuned. Und wenn sich dein Ziel ändert, passe deine Regeln neu an. Konsequenterweise dürftest du den potenziellen Mr. Right dann nur noch offline casten. Denn online ist es so wie mit Bestellungen aus dem Internet: Nicht immer entspricht das gewünschte Produkt den anspruchsvollen Erwartungen.

 **Unser Tipp**: Verlieben ist im Jagdmodus so unnütz wie ein Bikini in der Antarktis.

# Neues ist besser

„Wann hattest du das letzte Mal Sex?" ist eine sehr beliebte Frage. Sie wurde bislang nur von jenen Männern an uns gestellt, die sich für eine echte Ganzkörpererfahrung mit uns interessiert haben.

Diese Männer wollen abchecken, ob unser Herz für die Lust oder für die Liebe schlägt. Auch erfahren sie so nebenbei, ob wir eine gefragte Trophäe sind. Umgekehrt können wir, sofern wir das Gesagte für Bares nehmen, auch reichlich Informationen über ihn gewinnen. Etwa jene, dass dein geiler Hengst zuletzt vor drei Wochen einen einmalig bombastischen, intergalaktisch magischen Höhenflug hatte. Und zwar mit einer blond-rassigen Top-Frau, die sich bei der kürzlichen Online-Jagd von ihm abschießen ließ.

Wiedersehen? „Nicht geplant."

Für diese Antwort mag es viele Gründe geben, doch kennen musst du nur einen: „Neues ist besser!"

Ja, nach der Devise der permanent aufgeladenen Powerbank mit Multistecker wird gelebt, und zwar unentwegt. Das geht so lange, bis einer im Dauergefecht unerwartet über die Liebe stolpert.

Und wieder hast du was gelernt: Stillstand und Dauerparken sind nicht das, wonach gesucht wird. Wenn du auf altklug machen willst, zitierst du jetzt Heraklit mit „panta rhei", was so viel heißt wie „Man kann nicht zweimal in denselben Fluss steigen". Und das haben wir eigentlich auch nicht vor.

Obwohl wir, ehrlich gesagt, bereits für Wiederholungsnummern oder als Reservelady zur Verfügung standen, gilt folgende Regel: Ein neuer Kerl ist immer spannender als ein bekannter Partner und häufig talentierter als dein bestes Sextoy.

Tja, und einmal ist es uns nach einer wahrlich heißen Nacht – wie bereits weiter vorne kurz erwähnt – tatsächlich passiert, dass wir uns für die neue Nacht gepimpt und mit der Freundin verabredet haben. Nachdem also ...

- der Kellner unsere Flirtvibes beim Bestellen des Chardonnay erwidert hatte,
- wir uns gegenseitig von den unglaublichen Ahs und Ohs erzählt hatten,
- eine Theatervorstellung besucht war,
- ein paar Drinks in einer über 25 Bar genossen waren
- und wir im Club gelandet sind,

shakte er vor uns ab: der spanische Stierkämpfer vom Vortag. Wir mussten dreimal hinschauen, um zu kapieren, wer da und vor allem mit wem der da herummachte.

Die optisch komplett ins Gegenteil gespiegelte Auserwählte führte uns glasklar vor Augen, wie wandelbar sein Beuteschema innerhalb von 24 Stunden war. Zur Verifizierung dieses Umstandes scheuten wir keine Kosten und Mühen und holten uns sogar ein kostenpflichtiges Getränk von der Bar – nur, um möglichst nah am Kerl von gestern vorbeigehen zu können.

Statt angemessen für den Spaß, den er jüngst mit uns hatte, wie ein Gentlemen zu reagieren, behandelte er uns wie Luft.

Autsch, das war übel. Denn der Sex war wirklich ein Hit gewesen – definitiv auch für ihn. Doch da es für uns eine Premiere war, das Date von gestern beim neuen Aufriss zu beobachten, haben wir uns kringelig gelacht und das Lokal gewechselt. Nur um selbst wieder auf ein bekanntes Gesicht zu stoßen und uns umwerben zu lassen.

 **Unser Tipp**: Bleib am Boden, wenn du selbst auf einmal vom Hero zum Zero mutierst.

# Party-Blues

Wie man in den Wald ruft, so hallt es zurück. Wenn du beim offline Casten in deinem Revier auf dem Gaspedal stehst, ist dir der Party-Blues gewiss. Der kommt nämlich immer dann, wenn du zu viel getrunken und zu wenig geschlafen hast. Eines von beidem reicht auch für Depri-Stimmung am nächsten Tag. Sogar dann, wenn du nachts erfolgreich gejagt hast oder genommen wurdest.

Sobald der Tag anbricht und du alleine bist, kommt das traurig-dumpfe Gefühl der Leere ganz tückisch in dein Leben gekrochen. Es macht, dass du dich scheußlich fühlst. Vor allem, wenn dir siedendheiß einfällt, was du noch alles außer Du-weißt-schon-was gemacht hast.

- Hast du vielleicht jemanden zu offensiv angetanzt?
- Bist du jemandem an die Wäsche und unter die Jeans gegangen und hast ihn dann frustriert stehenlassen?
- Hast du bei der heftigen Fummel-Attacke den Notausgang blockiert und ihr wurdet vom Türsteher verwiesen?
- Hast du zum Kerl mit Potenzial für mehr als ein One etwas Doofes gesagt?
- Hast du dein Handy im Klo versenkt?
- Hast du am Ende dein Höschen beim süßen 27-Jährigen vergessen, als er am Muttertag früh aufstehen musste und dich schnurstracks hinaus komplimentierte?

Egal, was es ist: Shame on you. Du musst es nun alleine aushalten.

Der Party-Blues ist wie beichten. Dir fällt genau das ein, was du lieber vergessen möchtest. Die Erinnerungen daran ziehen in unerträglicher Zeitlupe vorbei und besonders Peinliches wird zum Standbild vor deinem inneren Auge. Dir wird heiß und kalt und denkst dir: „Scheibenkleister, was habe ich da bloß für einen Blödsinn gemacht."

Bleib realistisch und nimm großzügig Abstand von jenen Vorhaben, bei denen du ein „Nie wieder!" angepeilt hast. „Nie wieder" ist eine glatte Lüge, es sei denn du stirbst im nächsten Augenblick, und verscheißern tun dich schon andere.

**Formuliere für solche Momente und Gratwanderungen einfach neue Regeln. Setze sie auf die Liste, wo bereits „Superwoman Code", „Probeknutschen" und „Gummipflicht" steht.**

------------------------------------------------------------

Ab heute gilt:

------------------------------------------------------------

Keine Sorge! Nachdem du dein Fehlverhalten geistig analysiert, geordnet und Ziele abgeleitet hast, lass das Grübeln gut sein. Geh an die frische Luft, mach die Wohnung sauber und finde deinen Frieden. Uns helfen dabei gemeinsame Telefonate und Laufen. Denn eine Regel von uns lautet: Ausgehen und Laufen! Und dann ist alles gut.

Dann hoffst du, dass dich niemand gefilmt hat – was unrealistisch ist an öffentlichen Orten –, und sich niemand an dich erinnert oder dich wiedererkennt. Schließlich wünschst du dir, dass dich beim nächsten Besuch niemand wegen all der peinlichen Sachen rückwirkend aus dem Lokal verweist. Bist du mit all den Vorwürfen durch, ist es wie Selbstgeißelung.

Damit du dich nicht elender fühlst als notwendig, beende den Gruselfilm. Atme tief durch. Überlege dir, was das Beste an dieser Nacht war, und gelobe Besserung. Sei dir jedoch sicher, dass die hübschen Türsteher und gestählten Security-Männer dich früher oder später als bekannt einstufen, weshalb du an verschiedenen Standorten aktiv sein solltest.

**Unser Tipp**: Party-Blues am Tag danach ist so sicher wie der nächste Sonnenaufgang. Vertraue darauf: Spätestens beim Sonnenuntergang ist er wieder verschwunden. Biete ihm durch persönliches Körper-Verwöhn-Programm (Schaumbad, Nägel lackieren, Wohlfühlpeeling) und Sport Paroli und du fühlst dich besser.

# Blessuren und Pannen

Tja, manchmal kann Herzschmerz zu einer ungewollten Pause führen. Manchmal triffst du in dieser geschwächten Verfassung aber auch auf einen Typen, dessen Nickname besser „Bohrmaschine" wäre.

Männer, die die Kontrolle verlieren und nur noch wild in dich reinrammeln, sollst du schnellstmöglich wieder auf Abstand bringen. Egal, ob der Moment für ihn gerade ungünstig ist oder du Sorge hast, es könnte zu einer Szene kommen. Mach nicht den gleichen Fehler wie wir und halte etwas aus, das schmerzhaft und unangenehm ist. Melde dich sanft und bestimmt zu Wort und beende den intimen Nahkampf.

Reagiert er nicht, lasse Worten Taten folgen. Freundlich und konsequent. Tappe nicht in die Falle, dir zu denken, du seist schuld, wenn deine Grenzen überschritten werden. Denke auch nicht, dass das beim online und offline Daten mal vorkommen kann.

Sobald du das Gefühl hast, du musst etwas tun, damit der andere zufrieden ist und dir keine Gefahr durch seine Unzufriedenheit droht, sollten deine Alarmglocken schrillen.

Egal, ob es in deinem Revier oder in seinem passiert oder ganz woanders. Wenn sich der Kerl nicht vergewissert, ob es dir gut geht und dir das, was ihr euch vorgenommen habt, Spaß macht, musst du es ihm sagen.

Es ist schlimm, ein paar Tage wund und aufgescheuert zu sein, ohne wirklich Spaß gehabt zu haben. In dieser Zeit findest du die Vorstellung von neuem Sex abscheulich.

Was also kannst du das nächste Mal besser machen, damit es nicht so weit kommt? Damit euer Sex einvernehmlich stattfindet, müssen beide dasselbe wollen. Wenn einer von euch nicht mehr mag, muss aufgehört werden. Auch wenn der Kerl kurz vorm Kommen ist. Mit einem solchen Kerl würdest du ohnehin nicht kommen können, also schau, dass du ihn loswirst und er versteht, dass er nicht wieder anzuklopfen braucht – weder virtuell noch an deiner Wohnungstür.

Solltest du dich trotz Stoppsagen zu unliebsamen und womöglich schmerzhaften Handlungen genötigt fühlen, musst du klare Ansagen machen und den Kerl selbstbewusst von dir stoßen. Komplimentiere ihn auf direktem Weg ohne vorherige Dusche hinaus.

Im Ernstfall wendest du dich an eine Opferschutzeinrichtung zwecks Anzeigeerstattung und lässt auch rasch in der Klinik forensische Beweise sichern.

Im Normalfall kannst du jedoch davon ausgehen, dass der Kerl bloß megageil ist und er deine Stopp-Signale deshalb nicht bemerkt. Bestimmt würde er aufhören, wenn er wüsste, dass er dir weh tut. Es kann auch sein, dass es Missverständnisse bezüglich der sexuellen Vorlieben gibt. Daher macht es Sinn, bereits vor dem Sex darüber zu reden, was ihr euch wünscht.

Wir haben schon von Männern gehört, die es toll finden, wenn eine Frau so wund ist, dass sie eine Woche lang nicht richtig gehen kann. Manche würden dich gerne anpieseln. Nicht wenige möchten dich – zumindest ein wenig – verhauen. Und wieder andere würden dir gerne an die Gurgel gehen, um dich zur Machtdemonstration zu würgen.

Sicher hat jeder seinen Fetisch, doch nicht jeder Mann und jede Frau sind in ihren Vorlieben kompatibel. Wer sich auf einen fremden Menschen einlässt, sollte in etwa wissen, was im Drehbuch steht. Falsche Scham ist unangebracht und Offenheit schafft Klarheit. Männer, die nur dann geil werden, wenn sie die Frau unter sich kontrollieren und auf auffällige Weise dominieren, haben meistens ein Problem mit ihrer Mutter.

Das sollten sie sich, by the way, mal von einem Psycho-Profi aus der Nähe anschauen lassen.

Abgesehen von abweichenden sexuellen Vorlieben kann auch noch etwas anderes passieren. Der Gummi kann platzen oder abrutschen.

Wenn der Gummi nicht hält, was er theoretisch versprochen hat, ist das richtig übel. Du musst in diesem Fall darauf achten, ob er bereits gekommen ist oder nicht. Ist er noch nicht gekommen und du siehst deshalb kein Sperma und Blut, dann ist das schon mal gut. Keine Blutspuren zu finden, zum Beispiel durch Blessuren, die von wildem Sex oder Analsex kommen, ist ebenfalls beruhigend, Allerdings solltest du trotzdem zu deiner Frauenärztin gehen und einen Abstrich machen lassen, um zu bestätigen, dass du dir keine Geschlechtskrankheiten geholt hast.

Auch wenn die Ansteckung mit HIV bei einem Mann, der weder homosexuell noch drogenabhängig ist oder war, eher gering ist, solltest du im Panikfall nach 14 Tagen einen Schnelltest oder nach sechs

Wochen den herkömmlichen HIV 1-Antikörpertest machen. Letzteren kannst du in einer Aids-Beratungsstelle anonym und kostenlos durchführen lassen. Der Schnelltest ist kostenpflichtig.

Als uns der Gummiplatzer passiert ist, gerieten wir in Panik. Es folgte ein peinliches, von Tränen begleitetes Gespräch mit dem deutlich jüngeren Allgemeinmediziner über die angewandten Praktiken. Der Termin beim Ladydoctor war wesentlich entspannter. Unser Gyn nahm den Gummiplatzer gelassener als wir und appellierte an zusätzliche weibliche Verhütungsmaßnahmen, da seiner Erfahrung nach lustvolle und lebensfrohe Frauen häufig ungewollt schwanger werden würden.

So nebenbei haben wir noch über Penisgrößen und Gummivarianten gesprochen und uns beschlich das leise Gefühl, dass dieser spezielle Frauenarzt selbst mal ein umschwärmter Testo war.

**Unser Tipp**: Gut bestückte Männer sind ein Grund zur Freude. Gummipannen kommen häufiger vor, als sie im Freundeskreis verraten werden, also frage explizit danach. Falls du immer nur mit einem Gummi verhütest und deinen Zyklus nicht besonders gut kennst, informiere dich im Vorfeld über die Pille danach. Sie kann den Eisprung verschieben und so, wenn sie möglichst rasch nach dem ungeschützten Verkehr von dir eingenommen wurde, eine Schwangerschaft unter bestimmten Umständen verhindern.

## Wieder aufs Pferd steigen

Blessuren und Pannen sind unschön, keine Frage. Doch in der Arbeit kann dir genau so viel passieren wie im Straßenverkehr oder im Haushalt. Wenn du den ersten Schock verdaut, die Panne akzeptiert hast und die Blessuren abgeheilt sind, mach das, was sich bewährt hat. Caste online und offline weiter.

Denn die Devise heißt: Steig nach einem Sturz möglichst bald wieder aufs Pferd. Vielleicht mit anderen Vorzeichen, sprich modifizierten Mindestanforderungen, einem Ortswechsel, besseren, reißfesten Gummis oder mehr Selbstbewusstsein in Sachen Selbstfürsorge und Grenzen.

Natürlich kannst du dir vorwerfen, dass dich deine unbändige Lust, dein Übermut oder der Reservelady-Status in die missliche Lage gebracht haben. Du kannst dir also tonnenweise zerfleischende Vorwürfe machen und dich selbst nach allen Regeln der Kunst fertigmachen.

Doch was passiert ist, ist passiert. Es ist da und du musst damit klarkommen. Das ist part of the game. Das Einzige, was du ändern kannst, sind die Mindestanforderungen und die Sicherheitsvorkehrungen. Ein Restrisiko wird immer bleiben und das Leben bleibt lebensgefährlich.

Du kannst dich auch entscheiden, dein Profil zu löschen und offline zu pausieren. Doch du weißt selbst, dass das eine oder andere nur für eine Zeitlang so bleiben würde. Denn irgendwann bist du wieder offen für neue Neues. Schließlich hast du Blut geleckt und bist mit Mr. Right noch nicht zusammen. Auch wenn du dir sicher sein kannst, ihn dort, wo du ihn suchst, nicht anzutreffen, stirbt die Hoffnung zuletzt.

Und das ist das, was dich nach der Auszeit wieder einsteigen lässt. Hühott. Im Galopp!

**Unser Tipp**: Von paarungswillig auf Nonne zu machen klappt zwar eine Weile ganz gut, eine sinnvolle, dauerhafte Lösung ist es keinesfalls, sondern bloß ein Vermeidungsverhalten. Beschränke deine Rückzugstaktik daher auf einen adäquaten Zeitraum, bis die unangenehme Erinnerung auf Briefmarken-Größe geschrumpft ist. Sobald dir ein Testo ins Auge sticht, bist du wieder im Spiel.

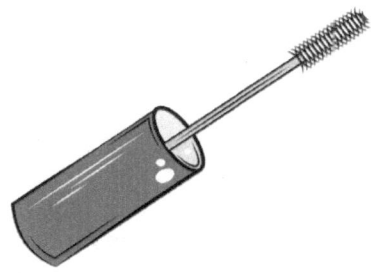

# Lachnummern

Es gibt auch andere Pannen, die an die Nieren gehen, und zwar als Lachnummer. Die eine hat sich vor einer gefühlten Ewigkeit zugetragen, als wir wie echte Business-Frauen mit dem Flugzeug unterwegs waren und unser Nacken trotz Schal etwas steif wurde.

Kaum gelandet, tickte das Zeitfenster bis zum Date mit unserem Sportbuddy, neben dem wir dieses Mal nicht transpirierend herlaufen wollten. Nein, diesmal wollten wir seinen athletischen Body aus der Nähe begutachten, möglichst frei von störender Kleidung und Haut auf Haut. In der Eile pimpten wir uns, was das Zeug hielt, und machten einen Kardinalfehler.

Statt der homöopathischen Anti-Nackensteif-Salbe, die leider aus war, glaubten wir ernsthaft, eine Massage mit Chili-Öl könnte einen ähnlich heilenden Effekt auf unseren Nacken haben. Mit bereits aktiviertem Kopfkino sausten wir zum Date.

Nach einer kleinen Aufwärmphase legte unsere Eroberung Hand an. Unser Herz klopfte wie wild. Seine Küsse waren unglaublich, sie machten uns schier schwerelos. Doch dann, mitten auf Wolke sieben, als er sich schon sagenhaft lustvoll zum Hals vorgearbeitet hatte, stockte er plötzlich und schrie vor Schmerz auf: „Boa, das brennt höllisch! Womit hast du dich bloß eingecremt?"

Wer hätte gedacht, dass das frisch angesetzte Chili-Öl tatsächlich den Abend ruiniert? Tja, dieser Film wurde definitiv nicht weitergedreht, da jedes Knistern seinerseits unwiederbringlich verlorenging, als er sich zur Krönung beim Stirnfransen aus dem Gesicht streifen mit den Chili-Fingern ins Auge fuhr.

**Unser Tipp**: Haushaltsmittelchen sind für Hausmütterchen. Wenn du als wilde Tigerin die Savanne erobern willst, greife besser zu erprobten Duft- und Pflegestoffen und halte dich von gefährlichen Lebensmitteln fern ☺.

Weil wir uns über diesen einen Fauxpas immer noch köstlich amüsieren, erzählen wir dir gleich von einem zweiten ultrapeinlichen Erlebnis.

Wieder einmal waren wir in unserem Lieblingsclub, Superwoman Feeling im Gepäck. Die vom ahnungslosen Jung-DJ verursachte musikalische Flaute nutzten wir zum Plaudern und Pieseln.

Doch leider, leider spülten wir das benützte Toilettenpapier ganz offensichtlich nicht in die Kloake, wie es sich gehört, sondern hefteten es uns unbemerkt als laaaangen Frackschurz an die Hose.

Selbstsicher, aufgepimpt und in bester Feierlaune trippelten wir mit unserem hängenden Weiß-Toilettenpapier-Schwanz wieder durch die Menge zu unserem Platz.

Zum Glück rief niemand Schenkel klopfend: „Hinter dir, Klopapier, eine Rolle schenk ich dir!", denn die beste Freundin stellte eine höfliche, diskrete Frage zu unserem Outfit. „Trägt man das heute so in Mailand und New York?"

Sie kicherte sich kringelig, während wir nochmals ganz rasch aufs stille Örtchen zischten.

**Unser Tipp**: Halte deine rechte Hand nicht nur beim Herabziehen der Hose an der Arschbacke, um dein Handy vor dem sicheren Wassertod durch Ertrinken zu bewahren, sondern prüfe deine Handkasse auch nach dem Geschäft auf Blüten. Zum Glück hatten wir keine Abwischspuren herumgetragen.

Und zum Abschluss haben wir noch ein drittes Malheur parat: Wenn du im Eifer des Gefechts das eine oder andere Kleidungsstück bei ihm vergisst, kann daraus auch eine Lachnummer werden.

Uns ist das mit einer speziellen Safer Grapsch-Unterhose passiert. Megapeinlich, denn es war Kunigunde. Eine längere Baumwollunterhose mit Spitzen. Kunigunde fährt ihr volles Potenzial in heißen Disconächten und Festivitäten unter freiem Himmel aus, wenn du sie über dein sexy Spitzenhöschen anziehst. Mit Kunigunde im Anschlag kann selbst der spezialisierteste Kerl nicht weit vordringen.

Wie es mit Kunigunde weiterging? Nun, als wir unser letztes Date unverhofft wiedergetroffen haben, meinte er mit einem super-smarten Lächeln: „Ich habe deine Unterhose noch. Sie liegt in meinem Auto. Ich bring sie dir vorbei." Süß, oder?

Leider sind wir schwach geworden und haben uns den Mann neuerlich geangelt – doch Kunigunde blieb seine Begleiterin. Welch treue Seele!

**Unser Tipp**: Gönne dir ein Zweit- und Drittexemplar deines Lieblings-Schlüpfers für den Fall eines Packfehlers. Ob es sich dabei um die beinlange Skifahrer-Version oder den pfeilengen String handelt, sei dir überlassen. Jedenfalls solltest du deine Heiligtum-Behüterin gerne tragen und auch im Falle des Vergessens stolz auf sie sein.

**Wer zuletzt lacht** ☺
**Hier findest du Platz für deine eigenen Lachnummern:**

------------------------------------------------------------------------

------------------------------------------------------------------------

# Ahs und Ohs

Ja, Ahs und Ohs sind das Ah und Oh bei erotischen Begegnungen. Die meisten Männer können ohne große Troubles kommen. Mal ohne Gummi am kurvigen Busen, mal mit Tütchen drauf in der Yoni.

Sex mit – unter uns gesagt meistens tatsächlich mehr oder wenigen fremden – Männern zu haben, gehörte bislang nicht zu unserem Standard-Repertoire. Auch wenn unsere Erinnerungen aus der Sturm- und Drang-Zeit voller himmlischer Kontakte sind, hatten wir damals letztlich nur mit einer Handvoll Kerle richtige Bett-Akrobatik. Vermutlich, weil wir viel zu schnell fix monogam eingeparkt hatten und uns mit dem zufrieden gaben, was zu Hause auf der Tages- und Nachtkarte stand.

So spießig wie wir waren fühlte es sich anfangs etwas seltsam an, dem frisch gecasteten Testo die sexy schwarzen Boxershorts auszuziehen, um ihm dreißig Minuten später einen Gummi überzuziehen und eine Stunde später dann wieder einen neuen.

Ja, wir hatten mit unserer moralischen Seite ganz schön zu kämpfen. Doch von Typ zu Typ konnten wir unsere Ohren immer besser auf Durchzug schalten und das genießen, was passierte. Erstaunlich, wie schnell wir erst kleine, dann atemberaubende und schließlich multiple Orgasmen bekamen. Es war fast so, als ob wir unseren Körper blitzschnell in den Sexmodus umschalten und zum Höhepunkt fliegen lassen konnten.

Da jedoch – wie zu erwarten war – nicht jeder Testo seine Hausaufgaben zur weiblichen Anatomie und den erogenen Zonen gemacht hatte, übernahmen wir in besonderen Härtefällen ungeniert die Regie. Schließlich ging es nicht um einen dahinschmelzenden Eislutscher, sondern unsere Ahs und Ohs! Wären Fortbildungspunkte zu vergeben gewesen, hätten wir der Weiblichkeits-Wirtschaftskammer zahlreiche Rechnungen ausstellen können. Denn so nebenbei verschafften wir unseren erotikgetrimmten, stöhngeräuschabgehärteten Sex-Dates echtes orgasmuszertifiziertes Praxiswissen für die Zukunft.

Ladies, der scharfe Lover mit Durchhaltestange, G-Punkt-Faktor und Samtpfoten kommt aus unserem Stall! Yes, die gute Sexpertise ist mindestens so essenziell wie ein getrimmter Bart.

Für den Fall, dass ihr selber anlernen müsst, achtet auf folgende Punkte. Denn nicht zu kommen ist jammerschade.

**Verzichtet daher liebend gerne auf:**

- **Schlabberküsser, überstarke Lippensauger und schmerzhafte Lippenbeißer:** Schleim gibt's beim Zähneputzen genug und unsere Zahnbürste würden wir ja auch nicht vögeln. Vampirblut im Mund ist ebenso out.
- **Dauer-Dirty-Talker und Permanent-Plapperer:** Alter, du nervst. Schon mal was von Stammhirn-Aktivität gehört? Beim Sex soll er bitte nur das passende Vokabular aus seinem Geilheitsköcher auspacken.
- **Sinnlose Popo-Klopfereien und Brustwarzen-Malträtierereien:** Ahhh, nein, wir stehen nicht auf 50 Grautöne. Oder ist seine Besenkammer so toll bestückt wie der luxuriöse Züchtigungsraum im Film?
- **Rubbel-Attacken an der empfindlichsten Stelle:** Zu viel ist zu viel, weswegen laute Vibratoren in unserem Schrank genauso wenig verloren haben wie elektrische Winkelschleifer-Heinis. Der Venus-Hügel ist keine Strecke im Downhill-Race!
- **Sinnlose Fingerstochereien in der Mumu:** Der G-Punkt ist oben, der Muttermund hinten, der Darm unten. Soll die weibliche Verdauung angeregt werden oder ist ein Gyn-Crashkurs geplant? Für Letzteren eignet sich am besten ein Phantom aus Gummi mit schriftlicher Gebrauchsanweisung.
- **Anpieseleien:** Also ehrlich, schon Latexleintuch-Videos zu diesem Themenbereich bringen uns nicht hoch. Wenn einer pinkeln muss, dann geht er bitte aufs Klo.
- **Würgespiele:** Ja, mal am Hals genommen zu werden kann geil sein – aber wenn sein Hobby das Abführen weiblicher Personen ist, sollte er Security im Ballettstudio werden.
- **Bohrmaschinen- und Aufspieß-Sex, Rudelbumsen ohne Ende:** Die kesse Blondine wird hart genommen, steil gevögelt, mit lediglich geringfügigen Spuren der Verwüstung beim ehemals perfekten Make-up. Doch halt: Manchmal gibt es bei Erotik-Videos sogar ein „Making of" und die Damen berichten nachher vom schmerzenden After-Sex. Also bitte nicht glauben, was man sieht. Wir Frauen wollen lieber gut behandelt werden.

Was also helfen dir deine Mindestanforderungen, wenn er sich später dennoch als Bohrmaschine oder geschwätziger Lover entpuppt und du deinen ekstatischen Moment die Flucht ergreifen siehst?

Sofern du in der finalen Phase nicht aussetzen willst, überlege dir, worauf du stehst.

**Vielleicht ist es leichter für dich, wenn wir dir unsere Favourites verraten:**

- Wir mögen trockene, aufregende Küsse auf den Mund, den Nacken, die Brüste, den Po und auf unseren Kitzler.
- Wir mögen zarte, feste, warme, saubere Hände, die uns kraftvoll und zugleich sanft packen und ganz genau wissen, was sie tun.
- Wir lieben es, wenn er gut riecht und nicht nach sauren Drogen aus dem Mund und sämtlichen anderen Schweißdrüsen muffelt.
- Penis, hurra: Er soll ihn vorher anständig putzen, denn der Grind unter seiner Vorhaut ist alles andere als lecker. Er stinkt nämlich zum Himmel.
- Gute Manieren sind selbstverständlich, dazu gehört, dass die Gummifrage nicht diskutiert, sondern exekutiert wird. Wir mögen es, wenn er weiß, wohin er mit seiner Spritzpistole zielen darf, nämlich nur auf unempfängliche Hautstellen.
- Wir lieben es, wenn er merkt, was uns Ahs und Ohs entlockt und er uns zuerst kommen lässt und es aus seiner Sicht erst dann finalisiert.
- Gentleman-Gehabe kommt bei uns gut an, er darf uns die Türe aufhalten und in den Mantel helfen, und wenn er uns auf einen Drink einlädt, sagen wir auch nicht nein.
- Er muss akzeptieren, dass ein Nein ein Nein bleibt. Dazu gehört vielleicht auch, dass der Po erstmal tabu ist. Doch dazu mehr im nächsten Abschnitt.

**Unser Tipp**: Überlege dir, was dich anmacht und was sich für dich atemberaubend gut anfühlt. Erst wenn du deine Wünsche und Sehnsüchte ohne rot zu werden aussprechen kannst, bist du ein großes Mädchen.

# Popospiele

Bei den viel gewünschten Popospielen brauchst du dir mit Gummi nicht ganz so viele Gedanken über Verhütung zur Vermeidung einer Schwangerschaft machen. Doch bis es so weit kommt, ist gute Vorbereitung erforderlich.

**So kannst du dich vorbereiten:**

- Übe zu Beginn mit dir selbst und führe erst kleinere, dann größere Dildos in dich ein.

- Verwende ausreichend Gleitgel oder Spucke.

- Warte geduldig darauf, dass sich der Schließmuskel öffnet. Wenn du hinten zu rasch in dich eindringst, verursacht das schmerzhafte Risse, die du viele Tage spüren wirst.

- Fuhrwerke nicht zu wild in deinem Anus herum. Die Schleimhaut ist sehr empfindlich – was auch bedeutet, dass du im Po grandiose Orgasmen erleben kannst.

- Lasse erst dann einen Mann anal rein, wenn du selber ausreichend viel geübt hast und gut aufmachen kannst.

- Es kann sein, dass dich ein flotter Dreier mit Spielzeug vorne und ihm hinten (oder andersrum) besonders zum Glühen bringt. Probiere es aus.

- Wenn du das Gefühl hast, dass dein Po von Stuhlgang besetzt ist, warte diesen ab oder gönne dir einen Einlauf. Normalerweise macht Analsex keinen Schmutz.

- Falls du grundsätzlich Angst hast, dass in deinen Po kein Pimmel passt, so durchsuche die Online-Sex-Plattform deines Vertrauens auf größere Gegenstände im Popo. Du wirst überrascht sein, was so alles möglich ist – und so gut wie nie ist Blut im Spiel.

In Sachen Popospiele haben auch wir erst kürzlich unsere Platin-Clubmitgliedschaft gemacht. Einzig mit uns selbst verfügten wir nämlich über eine ausgezeichnete Sexpertise. Doch die Rückseite mit einem Prachtkerl auszuprobieren, hatten wir erst mit Mr. Right vor.

Zum Glück ergab es sich mit dem Sixpack-Ken, der regelmäßig bei uns nächtigte. Etwa beim fünften Date und vielen Arten des Beischlafs mit überirdischen Ahs und Ohs ging es los. Wahrscheinlich gaben wir selbst den Startschuss dafür, weil wir davor selbst intensiv an seiner speziellen Stelle herumgespielt hatten. Als wir bei der nächsten Runde auf ihm saßen, drückte er eine geile Portion Gel aus der Tube und erkundete währenddessen manuell unseren Po. Oh, wie wundervoll und sagenhaft war das!

Weil wir selbst fleißig trainiert hatten für diesen speziellen Moment und mehr als bereit waren, kamen wir im Nu in den entspannten Aufnahmemodus für sein dickes Ding. Er drang in uns ein und massierte uns an Stellen, die man als Frau wirklich nicht auslassen sollte. Anschließend waren wir erstaunt darüber, dass wir so lange auf diese heiße Sache gepfiffen hatten.

**Unser Tipp**: Koste alle Teile deines Körpers aus und werde auch im rückwärtigen Teil deines Gartens zur Fee mit dem grünen Daumen. Keine Angst vor Unsauberkeit oder Pupsereien: Wenn dir nach Analsex ist, ist dein Körper sauber und willig. Und davon abgesehen treiben es echte Kerle gerne mit echten Frauen, anstatt mit Plastikpuppen. Sie wissen, dass du aus Fleisch und Blut bist und wie Verdauung funktioniert. Falls du eine Nacht lang durchgetanzt hast, kannst du ja vor dem Schäferstündchen rasch unter der Dusche verschwinden und dich frisch machen. Normalerweise tut es aber auch angefeuchtetes Toilettenpapier.

# Unverhofftes Wiedersehen

Ja, das gibt es tatsächlich! Das unverhoffte Wiedersehen. Meistens genau dann, wenn du nicht damit rechnest. Du stehst an der Bar und fragst dich gerade, wieso der Abend ungewöhnlich ereignislos ist. Gelangweilt lässt du deinen Blick wandern und bleibst hängen. An ihm. Du erkennst ihn auf den ersten Blick. Du findest ihn süß. Noch immer. Als Nächstes fällt dir ein, wo er dich geküsst und berührt hat.
    Du wirst rot. Und sauer, weil er später nicht mal einen Smiley geschickt hat. Obwohl es ihm außerordentlich gefallen hat, das war dir ja nicht entgangen. Und dann kämpfst du mit dir und damit, ob du ihn ansprechen sollst oder nicht.

Du fragst dich,
- ob er dich gesehen hat oder nicht.
- ob er dich gesehen hat und absichtlich ignoriert.
- ob es ihm doch nicht gefallen hat, was ihr miteinander gemacht habt.
- ob er sich als Trophäenjäger überhaupt noch an dich erinnern kann oder nicht.
- ob er ahnt, wie umwerfend er war und dass du dich beinahe verliebt hättest.

Dann gehst du eine Runde tanzen und denkst dir: „Mistkerl." Du überlegst abermals, ob du ihn ansprechen sollst oder nicht. Es könnte ja sein, dass du ihn zuerst gesehen hast und es wäre blöd, nicht miteinander gesprochen zu haben, bevor er wieder das Lokal verlässt.
    Tja, und dann tanzt und überlegst du wieder und wiegst deine Optionen im Verhältnis zu deinem Stolz ab. Du fühlst dich wie 15, wo es auch nicht anders war. Mit dem Unterschied, dass die Ahs und Ohs heute häufiger sind als früher, wo Sex so rar war wie ein Edelweiß.
    Endlich gibst du dir einen Schubs, da in deinem Alter falscher Stolz nichts bringt, außer, dass du auf all deine Fragen erst recht keine Antworten bekommst. Wenn du dich traust, wirst du sehen, dass er sich freut. Dann kannst du dir genüsslich die Geschichte über das verlorengegangene Handy anhören und darüber, dass er sich deshalb nicht melden konnte. Wenn er wieder so charmant ist wie beim ersten

Mal, wirst du ihm diese Halbwahrheit verzeihen und in freudiger Erwartung mit ihm gehen. Und ihr werdet wieder das machen, was du schon kennst. Oder etwas ganz Neues.

Wir wissen, dass solche Begegnungen immer dann passieren, wenn die gemeinsame Geschichte noch nicht zu Ende geschrieben ist. Vor allem wirst du den Prachtkerlen, die dir immer wieder im Kopf herumgeistern oder bei denen die Vibes deutlich intensiver ausschlugen als bei anderen Testos, früher oder später wieder in die Arme laufen. Hoffentlich ohne neue Eroberung im Gepäck! Andere, die du innerlich bereits losgelassen und gut verabschiedet hast, wirst du wohl nie wieder treffen.

Sollte dich der Typ schlecht behandelt haben, dann überlege, ob du ihm etwas Schroffes sagen möchtest, dich lieber vom Acker machst oder ihm zeigst, dass du ihn absichtlich ignorierst. Ein Wiedersehen ist jedenfalls eine Möglichkeit, etwas final zu klären oder etwas Schönes fortzusetzen. It's up to you.

Rechne auch damit, dass du untertags auf den einen oder anderen treffen kannst. Gehe attraktiv genug aus dem Haus und schminke dich vor Dienstschluss noch einmal nach, bevor du Erledigungen machst. Uns ist es nämlich passiert, dass wir genau den Herzschmerz-Verursacher getroffen haben, nach dem wir uns die Nacht zuvor sehnten.

Wie gut, dass wir mit frisch aufgetragenem Rouge aus dem Kosmetikladen gekommen sind. So haben wir die Begegnung mit Fassung ertragen und konnten uns – statt uns selbst auf optische Minuspunkte zu scannen – voll und ganz auf unser Gegenüber konzentrieren: Auf die Sorgenfalten, die wir bislang nicht entdeckt hatten, auf den ungetrimmten Bart und den Alltagslook, die Körpersprache sowie auf all das Gesagte und ungesagt Gebliebene.

Die Art der Ausreden ist mannigfaltig, wenn bei einem zufälligen Wiedersehen etwas stammelnd die Rede darauf kommt, wieso ein Anruf oder das vereinbarte Treffen nicht zustande kamen.

**Unser Top-Five sind folgende Alibis:**

1. *„Ich musste mit meiner Mutter plötzlich zum Arzt."*
2. *„Mein Freund ist umgezogen. Ich habe ihm dabei geholfen."*
3. *„Nachdem ich bei dir war, habe ich mein Handy verloren."*
4. *„Ich bin leider eingeschlafen. In der Arbeit ist es total stressig."*
5. *„Meine Freunde haben mich zum Grillen eingeladen."*

Das Niveau der Ausrede lässt Rückschlüsse auf die Persönlichkeit deines Tarzans und sein urzeitliches Jagdverhalten zu. Männer, die als Trophäensammler neue Bekanntschaften am Radar haben, bemühen sich in der Regel recht wenig um eine glaubwürdige Ausrede. Schließlich haben sie schon um dich gebalzt, dich abgeschleppt und sind in dir oder auf dir gekommen. Daher ist die Ausrede selbst nicht von Belang, vielmehr der Kontext, in welchem sie dir mitgeteilt wird. Wenn dir ein heißes Ex-Sex-Date gegenübersteht, dich mit blitzweißen Zähnen hinreißend anlächelt und sagt: „Heute mach ich es wieder gut", dann ist die Ausrede der Anfang einer vergnüglichen Nacht.

Versucht das Ex-Sex-Date hingegen, jeden Blickkontakt zu meiden, geht er körperlich auf Distanz oder starrt er bemüht wichtig in sein Mobiltelefon, dann wird es wohl nichts mit einer Neuauflage.

**Unser Tipp**: Was auch immer dazu geführt hat, dass er sich in dieser Situation so abweisend dir gegenüber verhält, versuche es nicht durch stundenlanges Analysieren zu verstehen. Sein Gehabe kann mit der Unsicherheit zu tun haben, die entsteht, wenn einem einfällt, was man Wildes miteinander gemacht. Vielleicht ist er von Freunden umzingelt, die es nicht gutheißen würden, mit dir abzurauschen. Genauso gut ist möglich, dass er damals mehr intus hatte, als ihm lieb war, und er nüchtern gar nicht auf dich steht.

Uns ist es schon passiert, dass wir bei einem unverhofften Wiedersehen Interesse bekundende Signale nicht gesehen oder den ganzen Kerl ganz einfach übersehen haben. Dass damit der männliche Stolz ungewollt gehörig gekränkt wurde, liegt auf der Hand.

Insbesondere deshalb, weil er sich selbst das Prädikat „umwerfender Traumtyp" gab. Beim nächsten Wiedersehen gab es für uns dann die knallharte Retourkutsche.

Du willst wissen, was er sagte? Halt dich fest: „Wenn ich ein bisschen herumhüpfen will, dann nehme ich mir einen Hasen. Aber ich will hart f*cken."

Sei's drum: Einst gab es mit ihm mehr als ein Match mit intensivem Körperkontakt. Und immerhin tauchte er in unserer Sexualpartnerstatistik als ein weiterer Name auf. Deshalb haben wir uns dazu entschlossen, auch in Härtefällen wie diesem souverän und respektvoll zu reagieren und verflossene Bettgefährten zu grüßen, anstatt sie wie Luft zu behandeln.

Ganz ehrlich? Das fällt uns manchmal ziemlich schwer. Auch wir tragen nicht immer das Superwoman Feeling in uns und nehmen uns ablehnende Konversationen zu Herzen.

Spätestens beim nächsten deftigen Witz der Freundin, beim Hören unseres Lieblingspartysongs oder einem Egoboost durch einen neu geknüpften positiven offline Kontakt ist der Kratzer am Lack jedoch wieder repariert.

**Unser Tipp**: Unverhofft kommt oft. Visualisiere verschiedene Szenarien, dann bleibst du handlungsfähig und machst dich nicht zum Affen.

## In Luft auflösen

Bisweilen passiert es, dass sich ein bereits offline gedateter paarungswilliger Mann einfach nicht mehr meldet und – zack bumm – aus deinem Leben verschwindet. Einfach so, obwohl du den Eindruck hattest, dass es zwischen euch ein besonderes Prickeln oder magische Momente gab.

Frauen sind zwar geübt darin, aus Belanglosigkeiten Bedeutungsvolles zu machen, doch shit happens. Wenn ein Kerl solch schlechtes Benehmen zeigt, sollte er in der Versenkung der gelöschten Kontakte und Matches verschwinden.

So schlimm, wie es andere Frauen erlebt haben, ist uns eine After-Offline-Date-Blase zwar nicht passiert, wir haben allerdings auch zu keinem Mann wochenlang eine Beziehung aufgebaut, der uns falsche Versprechungen gemacht und sich dann mir nichts dir nichts vom Acker gemacht hat.

Wir hatten auch Glück und sind nie bei einem Date versetzt und anschließend verhöhnt worden.

Was wir hingegen gut kennen, sind virtuelle Freunde, zu denen sich ein starkes Beziehungsband entwickelt hat. Sie haben ihren fixen Platz im Alltag bekommen und gehören schon fast zur Familie. Wir haben Gentlemen in unserem Programm, mit denen wir untertags heiße Sex-Chats hatten, abends über unseren Tag und das Leben philosophierten und zum Finale wieder zum Dirty-Talk übergingen.

Irgendwann kam der virtuelle Dauer-Fix-Freund dann sogar via Videotelefonie gut hörbar und wischte sich vor dem In-die-Kamera-winken noch schnell das Sperma mit dem Taschentuch von der Hand.

Unser Fazit zum Telefonsex mit Orgasmusgarantie für ihn? Dieserart Beziehungen bleiben maximal bis zum ersten Live-Kontakt aufrecht und enden spätestens dann, wenn ein Real-Guy favorisiert wird. Natürlich finden wir Männer, die sich regelmäßig körperlich ertüchtigen, sehr, sehr anziehend.

Doch Männer, die es verstehen, uns durch Worte zu verzaubern und auf diese Weise eine Beziehung anbahnen, dürfen auch etwas untrainierter sein, quasi als Bonus für ihre besondere Einfühlungsfähigkeit und kommunikative Kompetenz. Dabei haben wir erfahren, dass uns die prickelnden Offline-Qualitäten virtuell besonders heiß machten, während die Person und das Zusammenkommen im echten Leben wenig erotisch waren.

Die Entmystifizierung eines online Flirts ist dann besonders krass, wenn Männer, die im direkten sozialen Kontakt etwas gehemmter sind, uns im Vorhinein bis ins Detail geschildert haben, wie sie uns wann und wie oft zum Höhepunkt bringen werden. Drehbuchartige Schilderungen warten natürlich auf die Umsetzung.

Doch was, wenn Mr. Superklit seinem eigenen Storybord in real life nicht folgen kann? Langeweile pur. Vor allem deshalb, weil das virtuelle Kopfkino unseren Unterleib um etliche Grad mehr erwärmt hat als die Realität. Männer spüren, wenn die Luft aufgehört hat zu knistern. Beispielsweise dann, wenn du den After-Sex-Geruch an dir eiligst mit einer Dusche und Vanilla-Lieblingsduschgel loswerden willst. Ihm bleibt dann nur die herbe Enttäuschung, als Lover versagt zu haben.

Wobei das ja gar nicht stimmt: Er hat nur virtuell hundertmal besser gepasst als in echt. Doch den prickelnden Zustand von einst wiederherzustellen, ist nicht. Überlege dir daher ganz genau, ob du den sensationellen Onliner tatsächlich in echt treffen möchtest.

Falls du die Frage mit „ja" beantwortest, weil die Neugier zu groß ist, sei auf eine mögliche Enttäuschung gefasst. Probeknutschen mit Pheromone-Probeschnuppern ist einem Smartphone überlegen.

**Unser Tipp**: Jammern bringt nichts. Es gibt einfach komische Kauze und fiese Kerle hier und dort, und manchmal ist das Vorspiel ganz einfach besser als der Hauptact.

# Abtörnend

So wie ungeputzte Zähne, zu intensive Männer-Parfums oder Schweißgeruch zur falschen Zeit abtörnend wirken, gibt es auch für ein Date mit Extras oder Wiederholungsnummern bestimmte Ausschlusskriterien. Unsere No Gos sind Einstellungen, Verhaltensweisen oder andere Auffälligkeiten, die unsere Libido auf Null schrumpfen lassen.

Hierbei handelt es sich um Menschen, die sich als homophob, menschenfeindlich, rassistisch, egoistisch, narzisstisch oder psychisch instabil entpuppen. Ausschlusskriterien sind graduell und persönlich vorzunehmen und können neben Charaktereigenschaften auch körperliche Merkmale oder Eigenheiten betreffen.

Während also die eine von uns ein dezentes Lispeln beispielsweise nicht als Killer-Faktor erachtete, tat sich die andere schwer, dies zu überhören. Selbst dann, wenn das Gegenüber ein Testo ist, wie er im Sexfilmdrehbuch steht, gilt für uns: Neben Inhalt sind für uns Sprache und Stimme für die Stimmung tonangebend.

Trotz Paarungsbereitschaft gibt es noch etwas, das uns von einer Intensivierung des Kontaktes abgehalten hat: Unzuverlässigkeit, Unfreundlichkeit oder die Tatsache, dass unser Match eine Freundin hat. Vor allem dieses zuletzt erwähnte winzig kleine Detail finden wir total daneben. Statt die Entschlossenheit zu haben, an der Veränderung der Beziehungsqualität zu arbeiten, lassen belegte Kerle die lauwarme Beziehung weiterlaufen und casten online neue potenzielle Bettgefährtinnen mit mehr Reiz.

**Als Grund für diese Verhaltensweise
hörten wir folgende Antworten:**

- *„Es läuft gerade nicht so gut. Ich möchte mich umschauen."*
- *„Es hat aufgehört zu prickeln, ich brauche was Neues."*
- *„Ich möchte Schluss machen, mag aber nicht alleine sein."*
- *„Ich liebe Sex und kann nicht genug davon bekommen."*
- *„Ich will meinen Marktwert testen."*

Manche haben uns auch konkret gefragt, ob ihr Beziehungsstatus ein Hinderungsgrund für ein Date mit uns sei. Und, ehrlich gesagt, wären wir unsterblich verliebt und total davon überzeugt gewesen, dass genau dieser Kerl unser Märchenprinz ist, hätten wir großzügig über diesen Formfehler hinwegsehen können. So aber haben wir gelassen mit „nicht unsere Baustelle" geantwortet und den Kontakt stillgelegt.

Wie das Leben so spielt, begegneten wir einmal – mitten im knallvollen Club, auf dem Weg zu den Toiletten – dem absoluten, urechten Mr. Right. Verdattert ob der Info, dass seine Freundin daheim auf ihn warte, vergaßen wir den Zauberspruch, der da lautet: „Willst du mit mir gehen?" Diesen auf den ersten Blick äußerst ernsthaften Kandidaten ließen wir also mit Bedauern ziehen. Dafür ließ ein anderer Wochen später ein Date platzen mit den Worten: „Sorry. Ich muss für heute absagen. Meine Freundin will mit ausgehen."

Fällt dir was auf? Auch hier ist der Offline-Kleber wirkungsvoller als theoretischer Online-Super-Glue.

**Unser Tipp**: Nicht jeder hat das Potenzial dazu, bei dir als Lover zu landen. Dinge, die auf dich abtörnend wirken, sind wie riesige Stopp-Schilder. Sie sagen: „Finger weg!"

## Klebi-Männer

Es gibt Männer, auf die stehen wir einfach nicht. Auch wenn uns zuerst ihr Anmachspruch oder ihre Stimme gefallen haben. Manchmal fällt uns das erst nach dem Übungsflirten auf, dass wir wohl damit auch Signale ausgesendet und unbedacht Hoffnung gesät haben. Sobald wir uns auf die Mindestanforderungen besinnen, wissen wir für jetzt und alle Zeit, dass dieser Kerl definitiv kein Ticket für das nächste Level erhält.

Und dann legen wir energisch den Rückwärtsgang ein und machen uns vom Acker.

Natürlich nicht, ohne uns freundlich zu verabschieden und klarzumachen, dass bei uns das Prickel-Barometer nicht ausgeschlagen hat. Manchmal sagen wir das auch ganz direkt: „Sorry, ich stehe nicht auf dich."

Hat sich unser Gegenüber schon vorgestellt, uns an die Wäsche zu gehen, wird unser Maulkorb immer wieder großzügig umgedeutet in eine vorübergehende Absage, nämlich: „Nee. Heute kann ich echt nicht. Ich muss zum Friseur. Melde dich doch."

Prompt haben wir dann einen Klebi-Mann am Haken, um den wir lieber einen Bogen als ihn heiß machen. Und bei Männern, die außer Desinteresse nichts in uns auslösen, schlagen wir prompt eine andere Richtung ein, sollten wir sie in unserem Dunstkreis erspähen. Wir wissen nämlich, wie ungut es sich anfühlt, wenn sich einer Nähe und der andere Abstand wünscht.

Blöd wird es, wenn ein solcher Klebi-Mann uns in der Dating-App oder via Messengerdienst nicht nur mit „Hallo, wie läuft's bei dir? Wann treffen wir uns auf einen Kaffee?" an-, sondern uns zutextet und auf den Sockel hebt. In seinen Augen sind wir ein makelloser Engel und ein solcher fehlt ihm noch in seiner unendlich riesigen Sammlung.

Und während sich ein Klebi-Mann auf uns eingeschossen hat, denken wir bloß „Whatsdepp" und verordnen uns eine Flirtpause, die wir auch eisern einhalten. Doch weil jedes Kapitel sein Ende braucht, schaffen wir mit Worten eine Wirklichkeit, die den Bann bricht und den Klebi-Mann stoppt.

**Wir sagen zum Beispiel:**

- *„Sorry, du bist nicht mein Typ."*

- *„Auch wenn wir die letzten zwei Menschen auf der Erde wären, würde ich an deiner Seite wie eine Nonne leben."*

- *„Hey. Ein Nein ist ein Nein. Kapiert?!"*

Trau dich, schneller als wir ein „scharfes Nein" auszusprechen, dann musst du dich nicht mit einem Klebi-Mann herumschlagen.

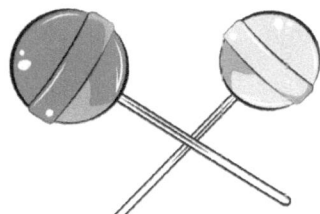

Mutiert der Klebi-Kerl dennoch zu einem Super-Glue-Guy, sodass du schon an das nächste Level, das Stalking, denkst, dann mache Folgendes:

1. Sei dir nicht böse, weil du, statt auf der Dating-App zu bleiben oder einen anderen sicheren Kanal zu nutzen, deine Telefonnummer preisgegeben hast.

2. Höre auf, dich dafür zu schämen.

3. Bleibe gelassen und zimmere dir keinen Horrorfilm zurecht.

4. Ignoriere seine Textnachrichten unerbittlich und konsequent.

5. Sperre ihn in deiner Kontaktliste.

6. Melde ihn in der Dating-App.

7. Fühlst du dich wirklich bedrängt, dann wende dich an die Polizei. Das kann ihn aufrütteln und wieder helfen, die gewünschte Distanz einzuhalten.

**Unser Tipp**: Verbuche ein solches Erlebnis in der Rubrik „Pannen" und steh dazu. Vermeide es, den bisherigen Vertrauensbonus beim nächsten Match vorschnell abzubuchen. Neue Kerle können nicht die Schulden der alten wiedergutmachen.

# Die Liga der Halbwahrheiten

Märchen und die Gebrüder Grimm gehören zusammen wie Dick und Doof. Testos und Halbwahrheiten geben auch ein hervorragendes Gespann ab. Was immer du von deinem gecasteten Kerl zu hören bekommst, nimm es nie für bare Münze. Betrachte es lieber als frisch aufgekochte Märchensuppe. Diese füttert dich ab wie Fake News und macht dich satt. Auf diese Weise achtest du nur auf seine Zuckerseiten. Schließlich gilt es, das Casting positiv zu beenden und nach dem Eingrooven den körperlichen Kontakt zu intensivieren.

Somit ist und bleibt die einzige echt servierte Wahrheit das, was dein Auge erblickt. Doch selbst das, was du siehst, kann lediglich eine aufgehübschte Fassade sein. Stell dich also darauf ein, dass er ein Wunschhaus aus Legosteinen mit dir erbaut, dem die Dreidimensionalität fehlt. Das bewahrt dich später vor unguten Enttäuschungen.

Abgesehen von billigen Ausreden haben unsere Ohren eine Menge fragwürdiger Wahrheiten vernommen. Großzügig wie wir sind, sprechen wir an dieser Stelle von Halbwahrheiten. Immerhin wurden lediglich bestimmte persönliche Fakten ausgelassen, aufgeblasen oder geschrumpft.

Auch wir erzählen nicht ungefragt über Studienrichtungen, Kinder oder Ex-Männer. Gekonnt lassen wir Hinweise zu unserem Alter aus und verzichten darauf, bei 90er-Jahre-Partys inbrünstig mitzusingen und abzugehen wie ein Zäpfchen. Selbstverständlich stellen wir uns niemals mit unserem richtigen Namen vor, holen das bei sympathischen Kerlen jedoch später nach. Schließlich wurden wir zu Höflichkeit und Anstand erzogen.

Die Halbwahrheiten sind mannigfaltig und – je nach Kerl – mal mehr, mal weniger kreativ. Einige von ihnen kann man getrost ignorieren.

**Solche jedoch machen für uns, verglichen zum Original-Bewerber, einen nennenswerten Unterschied:**

- Wenn sich jemand als Single vorstellt, obwohl daheim die Familie wartet.
- Wenn sich jemand als Buchmacher ausgibt, obwohl er in Wirklichkeit ein Pleitegeier ist, der noch immer bei Mami und Papi lebt.

Allzu dick aufgetragene Märchen entlarven wir inzwischen mit detektivischem Gespür innerhalb kürzester Zeit. Sei es der verunglückte Kunstflugpilot mit angeblicher Gesichtsoperation oder der unverheiratete Adonis mit Tonnen voll Happy-Family-Bildern in den sozialen Netzwerken.

Normale Halbwahrheiten erlauben wir. Schließlich wissen wir, dass jeder von uns einen persönlichen Alias kreiert hat für seine Online- und Offline-Aufrisse. Unser Alter Ego bleibt solange aufrecht, bis es im durchgearbeiteten Zustand am Tag danach neu frisiert werden muss.

 **Unser Tipp**: Hab immer einen Spiegel dabei, um dein Krönchen zurechtzurücken.

# Durststrecke

In der Gastronomie gibt es die umsatzschwache Nebensaison und im Dating-Dschungel die Durststrecke. Bestimmt ist dir schon aufgefallen, dass es im Frühling und im Sommer leichter ist, einen Mann zu casten als im Herbst. Auf Online-Portalen sind zu Zeiten, da die Blätter fallen, meist bloß noch Mogelpackungen oder Mängelexemplare übrig. Gute Fänge wurden bereits erfolgreich aus dem Dating-Pool geangelt, vernascht und mutierten Herz über Kopf zum stabilen Lover. Offline flirten und casten ist mit Sonne im Rücken deutlich einfacher als sich dick eingepackt in Lokale ohne Garderobe zu drängen.

Eine Durststrecke musst du also unbedingt einkalkulieren und sie nicht als Ausnahme, sondern als erwartbaren Normalfall deklarieren. Betrachte eine solche Zeit als Ruhephase vor dem Sturm. Nutze sie für dich und deine Projekte, die dein Leben bereichern. Sollte dein einziger Lebensinhalt aus dem Flirten mit Testos, dem Casten und erfolgreichen Abschleppen neuer Kerle bestehen, dann Halleluja! Möge dir Amor für deinen sexuellen Hunger bald genug Frischfleisch liefern.

Wenn du noch an elendem Herzschmerz laborierst und hoffst, dass sich dein heißer Ballonfahrer wieder meldet, befindest du dich in einer selbstverordneten Durststrecke. Wetten, dass sich nicht er, sondern andere abservierte Kerle vorstellen und versuchen werden, mit Hartnäckigkeit zu punkten? Wie langweilig!

Doch während du gerade dabei bist, deinen Herzschmerz-Kerl häppchenweise aus deiner Erinnerung zu löschen, macht es bling, bling und eine Nachricht von ihm poppt auf. Dann fühlst du dich wie ein aus der Tiefkühltruhe geholtes Fischstäbchen, das nicht weiß, was mit ihm geschieht. Wird es heiß gemacht oder bloß angetaut? Merk dir eins: Angetaute Tiefkühlware ist ungenießbar und wer trotz heißer Zweisamkeit in den lauwarmen Tiefkühl-Status gerutscht ist, bleibt auch dort. Er wird dich nie wieder frittieren, sondern nur online heißmachen.

**Unser Tipp**: Finger weg von Testos, die dich zwischendurch immer wieder anteasern, dein Herz aufwühlen, deinen Geist belegen und trotzdem kein Date mit dir vereinbaren. Alte Wunden sollen heilen, statt neu aufgerissen zu werden. Halte Testos mit Teaserverhalten auf gehörigem Sicherheitsabstand. Steck deine Energie und Hoffnung lieber in neues Offline-Casting als in den holprigen Relaunch mit ungewissem Ausgang.

# Der stabile Lover

Unglaublich, aber wahr: Es gibt eine Sorte Mann, die mit Freude ohne Wenn und Aber dein perfekter stabiler Lover wird. Ein stabiler Lover ist ein Mittelding zwischen Affäre und Freundschaft plus.

Du bist zwar offiziell Single, aber trotzdem belegt, weil du exklusiv mit ihm heiße Nächte während der Woche oder am Wochenende verbringst. Die mit einer Partnerschaft verbundenen Extras wie Socken waschen, kochen oder mehr gemeinsame Aktivitäten wie bei der Freundschaft plus entfallen.

Die Beziehungskonstellation des stabilen Lovers an deiner Seite wirkt sich definitiv auf dein Jagdverhalten aus: Du flirtest weniger offensiv, bevor du dich an eurem Treffpunkt einfindest. Schließlich weißt du, was dich mit dem Sixpack-Ken erwartet. Lieber ziehst du Wiederholungsnummern mit vielen Ahs und Ohs durch, bevor du dich auf ein neues Sex-Date mit ungewissem Prickel-Faktor einlässt.

Dein perfekter stabiler Lover weiß, wo du die Gummis verwahrst und wie du am liebsten kommst. Er verkrümelt sich auch nicht morgens um fünf Uhr mit einer Ausrede, sondern bietet dir seine starken Arme für eine Mütze voll Schlaf bis zum nächsten Akt an, bevor er sich nach einem fix vereinbarten Wiedersehen von dir verabschiedet. Ein stabiler Lover ist deutlich verlässlicher als Neuerwerbungen und bleibt auch zwischendurch mit dir in Kontakt.

Schließlich weiß auch er es zu schätzen, dass er bei dir ohne Aufriss-Stress auf seine Kosten kommt. Mit dem wachsenden Vertrauen kannst du dein inneres Alarmsystem runterfahren und dich dem Liebesspiel mit deinem perfekten Lover in all seinen Varianten hingeben.

Wie lange jemand dein perfekter stabiler Lover bleibt, hängt von deinem Jagdtrieb und dem Gefühlsmix zwischen euch beiden ab. Möglicherweise hattest du beim ersten Casting diese Option zu wenig im Fokus.

**Frage dich daher besser später als nie:**

---

Erfüllt dein perfekter stabiler Lover die Mindestanforderungen mit links oder toppt er sie sogar?

---

Lässt du ihn in dein Leben eintauchen und er dich in seines?

---

Ist es schön mit ihm, aber noch nicht ganz so toll, wie du es dir mit Mr. Right vorstellst?

---

Vermisst du deinen perfekten stabilen Lover zwischenzeitlich sogar und möchtest ihn zum Serienschauen und gemeinsamen Kochen einladen?

---

Es ist kein Geheimnis, dass durch viele magische, bombastische, intergalaktische Ahs und Ohs das Beziehungsband verstärkt wird und auch dein perfekter stabiler Lover exklusive Ansprüche an dich stellt. Wenn dir das mit dem perfekten stabilen Lover jedoch zu ernst wird und du lieber weiterhin auf der Jagd sein möchtest, beende diese Vor-Beziehung rechtzeitig. Vielleicht nur, um herauszufinden, dass du das unerwartete Abenteuer mit ihm suchst und ihm erlaubst, dein Herzblatt zu sein.

**Unser Tipp**: Ein perfekter stabiler Lover ist ein wunderbares Geschenk. Nimm es dankbar an. Genieße die Zeit mit ihm. Er wird dich orgasmussicher verwöhnen und den Party-Blues für eine Weile auf Urlaub schicken.

# Frauenpower

Frauengespräche sind wundervoll! Besonders süffig sind sie, wenn sie kurz nach der Verabschiedung des eroberten Testomannes erfolgen. Das kann mal fünf Uhr morgens sein, ein anderes Mal um drei am Nachmittag.

Um deine geilen Erlebnisse uhrzeitungebunden teilen zu können, benötigt es Freundinnen, die deinen gegenwärtigen Lifestyle tolerieren anstatt dir mit Gouvernantenblick Verstand und Niveau abzusprechen.

Bestimmt hast du schon rausgefunden, mit welchen deiner Freundinnen du entspannt über Popospiele, Sexpannen, Penisformen und Samenkonsistenz sinnieren kannst und welche bereits beim Wort Sex zusammenzucken und und aschfahl im Gesicht werden.

Und glaub uns: Egal, wie gut man sich mit seiner Familie versteht, Gespräche über Themen unterhalb der Gürtellinie haben beim Sonntagsfrühstück mit Mama, Papa, Bruder und der kleinen Schwester nichts verloren. Sie alle kennen dich als süßes, niedliches Küken und haben keine Vorstellung davon, was du nach dem Sandmännchen wirklich machst.

Brüder laufen unserer Erfahrung nach Gefahr, bei diesen Themen plötzlich Tinnitus zu bekommen oder mit dem Papst verwandt zu sein, und Schwestern sehen überall nur den bösen Mann, der dich vergewaltigen und umbringen will.

**Sextalks sind nicht nur aus diesen Gründen am unverfänglichsten mit Freundinnen. Schließlich sind es genau diese Freundinnen, die**

- dich daran erinnern, erst einmal eine Kleinigkeit zu frühstücken, wenn sich der Partyblues allmählich einstellt, bevor sie mit angezogenen Laufschuhen gemeinsam mit dir Meter um Meter machen.

- Sie begleiten dich durch die Herzschmerz-Zeit, wenn sich der Auserwählte anders verhält als in deinen Rosa-Wolken-Träumen ausgemalt.

- Sie gehen mit dir durch jede Party-Nacht und jedes neue Blind-Date, entweder an deiner Seite oder als Backup.

- Sie verurteilen dein Verhalten nicht, sondern sie sind ganz einfach für dich da.

- Sie sticheln nicht über dein Fable für Mucki-Männer oder versuchen dich und deine Libido in die Schranken zu weisen.

Alle diese Freundinnen sind Gold wert. Allerdings sagen sie dir auch brühwarm, wenn du dich bis zu den Knochen blamiert hast, zickig warst oder deine Männergeschichten mal deplatziert sind. Vielleicht deshalb, weil ihre Arbeit oder ihr Sexleben zwischendurch nicht rund läuft oder genauso wie deines ins Scheinwerferlicht gestellt und im Detail nachbesprochen werden sollte.

Hast du das spezielle Glück, dass deine Freundin selbst Single und paarungswillig ist, dann ist das noch besser. Dann könnt ihr euch im Duo dem Superwoman Code widmen, euch einen feinen Abend machen, später in einem Club oder einer Bar landen und Testos casten. Jede für sich oder jede für die andere, bis es Zeit ist, alleine oder in Begleitung zu gehen.

**Unser Tipp**: Frauen im Superwoman Feeling sind umwerfend und wohldosierte Frauenpower wirkt wie ein Magnet. Frauengespräche können das eine und das andere erwecken, darum braucht jede Frau eine beste Freundin, für die kein Gesprächsthema tabu ist. Bestimmt hast du deine beste Freundin schon gefunden.

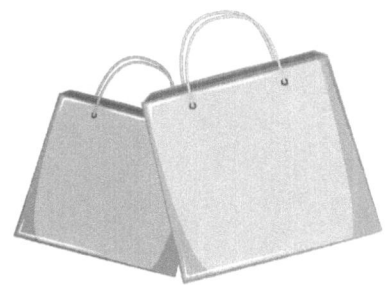

# Magische Momente

In der Erinnerung verblasst vieles, wenn man den Dating-Highway entlangdüst. Zum Glück bekommt nur die Freundin diverse Neuigkeiten brühwarm aus erster Hand erzählt und nicht der Voice-Recorder oder gar das Tagebuch.

Der Schock über allzu ehrliche Enthüllungen wäre im Nachhinein wohl groß – besser also, die Freundin filtert das Aroma schonend raus und bewertet mit mildem Urteil Um- und Zustände. Zugegeben: Manchmal waren wir dank einem Drink hier und einem Drink da in besonders guter Partylaune und merkten uns nur die Highlights. Manche Nächte waren bemerkenswert ungewöhnlich, als wir eine spannende Begegnung nach der anderen erleben durften.

In solchen Nächten fragten wir uns, woran das alles wohl liegen könnte: An unserem Superwoman Feeling, der lauen Sommernacht, den guten Vibes anderer Menschen um uns herum, unserem Eisprung oder der Aura heißer Offline-Dates? Ohne uns auf eine Antwort zu versteifen, sind wir dazu übergegangen, magische Momente zu genießen, die Erinnerung an sie möglichst detailreich abzuspeichern und sie vor Angriffen zu schützen.

Besonderen Schutz benötigen magische Momente in Zeiten mieser Laune. Die entsteht, wenn die online und offline Date-Quote mal nicht stimmt, man PMS oder Stress in der Arbeit hat.

Magische Momente sind nicht vorhersehbar oder gar planbar. Sie kommen und gehen und bleiben ein unbezahlbares Geschenk. Magische Momente machen glückselig, zaubern ein besonderes Lächeln in dein Gesicht oder entlocken dir unbeschreibliche Ahs und Ohs. Sie sind echt in dem Moment, wo du sie erlebst. Wage es nicht, ihre Existenz im Nachhinein anzuzweifeln!

**Folgende Ereignisse, Begegnungen und Berührungen waren für uns magische Momente:**

- das Prickeln vor dem ersten Kuss
- die Ahs und Ohs der ersten Nacht mit Sixpack-Ken
- der Sonnenaufgang am Strand mit dem Fremden im Sand
- der heiße Tanz in der Disco und der Spontan-Act am WC
- der Wille, die Nacht zu wiederholen nach der dümmsten aller Ausreden

**Notiere nun für dich selbst:**

-----------------------------------------------------------------
Welchen magischen Moment hast du zuletzt mit einem Lover erlebt?



-----------------------------------------------------------------
Wie hat ein Lover dein Leben positiv beeinflusst?



-----------------------------------------------------------------
Welche guten Gefühle löst die Erinnerung an einen Lover aus?



-----------------------------------------------------------------

**Unser Tipp**: Sei offen für die magischen Momente in deinem Leben. Achte genau darauf. Sei dir bewusst, dass sie eine Art Sicherheitsnetz bilden und dir helfen, auch in schwierigen Zeiten, an das Schöne und Wunderbare im Leben zu glauben.

# Solonummer

Beim Ausgehen, Flirten und Daten ging es uns nie darum, ganz sicher zu knutschen, zu fummeln oder uns zu paaren. Wir hatten immer das Ziel vor Augen, im Superwoman Feeling möglichst viel Superwoman Spaß zu haben.

Natürlich gibt es das eine oder andere angenehme Extra, das in dieser Zielformulierung Platz hat, doch haben wir uns nicht darauf versteift. Letzteres überließen wir den Herren der Schöpfung. Wozu sollten wir uns unter Erfolgsdruck setzen lassen, wenn gute Dinge meist überraschend ihre Aufwartung gemacht haben?

**Wir verstehen unter viel Spaß also Folgendes:**

- Mit dem Superwoman Feeling in der Handtasche außer Haus zu gehen.
- Sich in einer Bar oder in einem Gastgarten zu treffen und auf den Abend mit einem oder zwei Drinks einzugrooven.
- Sich in Frauengespräche zu vertiefen und dabei nach Herzenslust zu tratschen.
- Neugierig zu sein auf das, was kommt, und dabei frei zu sein von dem Verlangen, dass Extras passieren müssen.
- Neue Menschen und Lokale kennenzulernen.
- In zwei oder drei Lokalen dem DJ durch Abtanzen unsere Wertschätzung auszusprechen.
- Ausschau nach dem perfekten Lover zu halten.
- Verflossene Lover beim neuen Casting zu beobachten und über sie zu tuscheln.
- Flirt- und paarungswillige, jedoch schüchterne Menschen einander zu vermitteln.
- Das Leben um uns herum zu beobachten und sich lebendig zu fühlen.
- Mit hübschen Taxifahrern nach Hause zu fahren und zu flirten.

Extra viel Spaß haben wir, wenn wir einen interessanten Mann kennenlernen und uns offenhalten, ob er als perfekter Lover in Frage kommt oder wir ihm die Freude bereiten, uns aufwändig zu erobern.

An manchen Tagen entscheiden wir uns sogar gegen das Flirten und auf der Tanzfläche angemacht werden.

**Wir brauchen kein Probeknutschen und So-tun-als-ob-Sex-von-hinten mit einem neuen Testo, weil wir ...**

- zufrieden sind, wie es gerade läuft.
- den Abend mit unserer Freundin genießen oder die Freundin selbst an den Mann bringen wollen.
- unseren Eisprung, unsere Tage oder in den nächsten 14 Stunden etwas anderes vorhaben.
- lieber Sex mit uns selbst machen wollen und keine Lust auf Herzschmerz haben.
- noch rasch unsere Steuererklärung erledigen müssen.
- gerade einen stabilen perfekten, aber heute unpässlichen Lover haben.

In all diesen und vielen weiteren Fällen entscheiden wir uns für eine Solonummer und fahren alleine und happy mit dem Taxi heim. Solonummern sind sinnvolle und notwendige Entscheidungen. Und obgleich unsere Affinität zum Flirten und Anbaggern als unpassend gelabelt werden könnte, ist sie für uns voll ok.

Zur Erinnerung: Wir sind über dreißig, unsere Reproduktionsphase ist abgeschlossen, wir finden intensiven Körperkontakt mit Männern, die uns gefallen, lustvoll und haben einen Beziehungsstatus, der es uns erlaubt, all diese Gefühle auszukosten.

Doch zurück zur Solonummer. Diese sollst du dir definitiv gönnen, sonst könntest du dich später mal vor dir selbst ekeln. Denn sei ehrlich: Nicht jeder, mit dem du dich gepaart hast, war so hübsch, charmant und klug, wie du dir deinen zukünftigen Mr. Right vorstellst.

**Unser Tipp:** Immer nach demselben Skript vorgehen, wird irgendwann langweilig. Wird es zu deinem typischen Verhaltensmuster, sollst du seine Bedeutung kritisch hinterfragen. Solonummern sind wertvoll, verordne sie dir.

# Altogether

Eigentlich schade: Wir haben nie Schundheftchen gekauft, in denen ab Seite zwanzig wild gerubbelt und gestöhnt wird. Schließlich wurden wir offiziell ganz anders sozialisiert. Doch wir haben sie uns in einem Höllentempo einverleibt, wenn sie in unsere Hände übergingen.

Natürlich aus dem Grund, um uns rechtzeitig wirkungsvoll fortzubilden. Auch die uralten, am Wochenende von den Privatsendern ausgestrahlten Sexfilmchen erfüllten diesen Zweck. Genauso wie die mit Dauerkribbeln im Bauch durchleuchteten heißbegehrten Filme „Die blaue Lagune", „Der Liebhaber" oder „9 1/2 Wochen". Ältere männliche Freunde mit VHS-Rekordern waren wertvoll, denn so konnten wir uns den einen oder anderen Sexfilm tagsüber anschauen und eine Menge über männliche Erwartungshaltungen lernen.

Am Wochenende haben wir diese dann mit unseren traditionell gecasteten Lovern abgeglichen. Intensive Post-Party-Gespräche mit der besten Freundin und dem Fokus auf „Zuerst hat er das gesagt und dann das gemacht" und „Was denkst du, heißt x genau?" prägten unser jugendliches Verständnis vom Beziehungs- und Körpermatch eines Mannes und einer Frau. Und weil die Generation unserer Mütter auch mit jener von Alice Schwarzer verbunden war, konsumierten wir viel Literatur über emanzipierte Frauen, weshalb wir in der Schule und in der Ausbildungszeit zu den Wortgewandten und Schlagfertigen zählten.

Tja, und irgendwann haben wir uns verliebt und waren vergeben. Nach einigen großen Entscheidungen ging mit 30 plus das Spiel vom Flirten, Matchen, Abschleppen und mit der besten Freundin besprechen wieder von vorne los.

Wie sich das so ergeben hat, haben wir im Überblick zusammengefasst. Natürlich ist alles subjektiv gefärbt, denn wer bitte schön verhält sich beim Daten objektiv wie ein Forschungsleiter?

Wir beginnen daher mit jenen Erlebnissen, wo die Vibes nicht annähernd stark genug für Probeknutschen und Probeschnuppern waren. Dann setzen wir mit denen fort, die sich für körperlichen Nahkampf qualifizierten, und finalisieren schließlich mit den online wie offline gecasteten Männern, bei denen wir Lust auf viel mehr hatten.

Neben dem Casting-Modus und der Story haben wir folgende Komponenten subjektiv geratet:

👁 **Wow-Faktor**: umfasst Aussehen, Ausstrahlung, Benehmen, Stimme, Bewegung, Körpersprache und Geruch.

♡ **Vibes**: beziehen sich auf Online-Flirren und Live-Knistern.

☺ **Performance**: meint Knutschen, Fummeln und Sex mit Bett-Akrobatik.

💧 **Oh-Faktor**: steht für bombastische, intergalaktische, kribbelige Gänsehaut machende Körpersensationen und Orgasmen.

🙈 **Magischer Moment**: erfasst das Vorkommen an wundervollen, zauberhaften und erinnerungswürdigen Momenten der Begegnung.

Voilá, hier kommen also zuerst unsere Zeros. Wir haben sie entsprechend der Vibes sortiert.

# Unsere Zeros

Natürlich sind wir weitaus mehr Männern begegnet als hier erwähnt. Doch diese haben uns nicht die Bohne interessiert und wurden von uns schon beim ersten Anbagger-Versuch abserviert.

Egal, ob es sich um Kerle mit scheinbar flotten Sprüchen oder ungeniert losgrapschende Individuen handelt: Online wie offline gibt es einen deutlichen Männerüberschuss, sodass wir Zero-Kandidaten rasch die rote Karte zeigten.

Dennoch haben wir von jedem Zero gelernt und uns zu den Heroes vorgearbeitet. Anders gesagt: Ohne Zeros keine Heroes, denn die Zeros haben uns dabei geholfen, unsere Mindestanforderungen eisern auszulegen. Wir wollen ihnen außerdem als Rede-und-Antwort-Steher danken, denn sie haben uns wertvolle Rückmeldungen zu unserem Dating-Profil gegeben und tonnenweise Antworten auf männliches Fragezeichenverhalten geliefert.

# Der Macho

**Alles zusammen:**
- Gecastet  online
- Wow-Faktor
- Vibes
- Performance
- Oh-Faktor
- Magischer Moment

**Story:** Nach einer intensiven Nacht quälten wir uns für das Date auf, machten uns hübsch und waren froh, dass die Sonne so gewaltig strahlte. So kamen wir nicht in Verlegenheit, die Anti-Augenringe-Sonnenbrille runterzunehmen.

Der Kerl war recht angetan von uns. Wir insbesondere von der wunderbaren Aussicht, die uns die Dachterrasse des Lokals bot. Auch wenn es das eine oder andere Match in der Rubrik Hobbys zu verzeichnen gab, sein Lebenslauf passabel und er optisch ein Leckerbissen war, stellten sich keine sexy Vibes ein.

Vielleicht hatte es ein kleines bisschen damit zu tun, dass er auf den ersten Blick zwar super nett war, bei den heiklen Themen aber voll den Macho raushängen ließ. Sorry, doch Machos erwecken nicht unsere Aufmerksamkeit.

**Kurz gesagt:** Nett war schon immer die kleine Schwester von scheiße. Mit Macho-Attitude im Gepäck wird's nichts mit gutem Sex.

# Der Zombie

**Alles zusammen:**
- Gecastet: online
- Wow-Faktor: 👁👁👁👁👁👁👁👁👁👁
- Vibes: ♥♥♡♡♡♡♡♡♡♡
- Performance: 😊😊😊😊😊😊😊😊😊😊
- Oh-Faktor: 💧💧💧💧💧💧💧💧💧💧
- Magischer Moment: 👼👼👼👼👼👼👼👼👼👼

**Story:** Online gab es durchaus Übereinstimmungen Freizeitaktivitäten betreffend, auch die Stimme am Telefon klang sympathisch und absolut unauffällig.

Doch bereits beim allerersten „Hallo" in live wurde deutlich, dass das eingestellte Foto aus eindeutig besseren Zeiten stammte. Unser Date war schon mittags hackedicht und packte aus seiner schicken Radtasche für unser Date im Park recht schnell eine Flasche Whisky, eine Flasche Cola und zwei Pappbecher aus, um mit uns über das Leben und die Vorzüge von Sex-Dates zu sinnieren.

Trotz eindeutig zweideutiger Komplimente wären wir nur mit Hirnwäsche oder unter Androhung eines Atomkrieges auf die Idee gekommen, uns mit diesem Zombie zu paaren.

Beim Verabschieden hätten wir uns die Visitenkarte unseres Zahnarztes in der Jackentasche gewünscht zwecks Terminvereinbarung zur Sanierung des komplett desolaten Saurier-Gebisses.

**Kurz gesagt**: Ungepflegt und angetrunken wird aus dem Dating-Verkehr gewunken. Trinken ohne Partyflirt ist keine dauerhafte Lösung.

# Der Heiratsschwindler

**Alles zusammen:**

- Gecastet — online
- Wow-Faktor
- Vibes
- Performance
- Oh-Faktor
- Magischer Moment

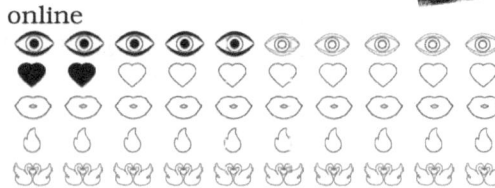

**Story:** Er war ein äußerst attraktiver Mann, der ein Profilfoto mit Kind reingestellt hatte. Ein solches ignorieren wir üblicher Weise genauso wie eines, auf dem sich Männer mit Hunden und Katzen auf ein Bild quetschen.

Der Teufel muss uns geritten haben, als wir einen Köder für den optischen Leckerbissen auslegten und dieser auch anbiss. Wir dümpelten in gegenseitigen Belanglosigkeiten vor uns hin, doch die freundliche Präsenz war so angenehm wie dezente Musik im Einkaufszentrum. Deshalb blieben wir dran.

Das geplante Treffen nach seiner Geschäftsreise fand nicht statt, denn leider lag der hübsche Mann im Krankenhaus, da er – oh Schreck! – überfallen worden war.

Schrill, schrill, schriller tönten unsere Alarmglocken. Insgeheim ahnten wir: Ein Heiratsschwindler ist im Anmarsch, der uns schöne Augen macht und uns das Geld in der vermeintlichen Not aus der Tasche ziehen will. Und weil wir nicht auf Sherlock Holmes machen wollten, spielten wir ein wenig mit, bis das Schmalz aus unseren Händen tropfte und uns eine nette Summe genannt wurde.

**Kurz gesagt:** Nach der Party hauen wir uns bevorzugt mit einem echten Lover aufs Ohr, anstatt dass wir uns von Mister Reinfall übers Ohr hauen lassen.

# Der Abschlepper

**Alles zusammen:**
- Gecastet — offline
- Wow-Faktor — 👁👁👁◉◉◉◉◉◉◉
- Vibes — ♥♥♡♡♡♡♡♡♡♡
- Performance — 👄👄👄👄👄👄👄👄👄👄
- Oh-Faktor — 💧💧💧💧💧💧💧💧💧💧
- Magischer Moment — 👼👼👼👼👼👼👼👼👼👼

**Story:** Typischer Fall von „Heute will ich noch knutschen" jenseits der Aschenputtel-Zeit. Die sich gefunden habenden Paare klebten bereits aneinander und sorgten für eine Peep-Show in und vor dem Lokal.

Mit einer ordentlichen Portion Superwoman Feeling ausgestattet marschierten wir an die Bar. Bevor wir uns ein Wasser bestellen konnten, wurden wir bereits als Beute auserkoren. Wir waren neugierig und erlaubten ihm einen Kuss. Und ja, Männer, die wissen, was sie wollen, bleiben dran.

Doch der Abschlepper stand wohl etwas zu viel auf dem Gas oder besser gesagt unter Druck, weil er schnurstracks auf die Herrentoiletten zusteuerte, unsere Hand fest in seiner.

Dann wurde es richtig peinlich. Wir wussten nämlich nicht, dass die Klo-Frau eine verdeckte Sicherheitsbeauftragte war. Sie hatte von der Aktion Wind bekommen und begann mit dem Abschlepper in der Toilette eine Diskussion.

Wir nutzten die Gunst der Stunde und machten uns diskret aus dem Staub. Etwas beschämt eilten wir im Zickzackkurs davon, um unsere Spur zu verwischen, und sprangen in das nächste Taxi. Nur, um vom Taxi-Fahrer wenig später gefragt zu werden, ob wir als Frau ohne Ehering für Sex-Dates mit ihm offen seien.

Nein danke, genug davon! Heute Nacht gehört das Bett nur uns.

**Kurz gesagt:** Wenn wir abgeschleppt werden wollen, holen wir den professionellen Abschleppdienst. Rettende Engel mit Schutzkleidung genießen unser Vertrauen, doch Quick-F*cks leisten wir keine Pannenhilfe.

# Der Stripper

## Alles zusammen:
- Gecastet: online
- Wow-Faktor
- Vibes
- Performance
- Oh-Faktor
- Magischer Moment

**Story:** Ein Wahnsinns-Body und kühler Blick haben unseren Zeigefinger nach rechts wischen lassen. Denn wozu für die teuren Stripper Eintritt zahlen, wenn man einen Artgenossen umschwärmen kann.

Einige Zeit später sind haben wir gemeinsam das erste Gipfelkreuz erklommen und dabei lustige Gemeinsamkeiten entdeckt. Wir schrieben uns eine Weile und verabredeten uns neuerlich zum Date. Er war bereit einzuloggen, doch bei uns wollte der Funke einfach nicht überspringen.

Mit unserer Erlaubnis durfte er von uns seinen eigenen Fantasie-Video-Clip drehen, während wir nach Begleichung der Rechnung in die nächste Bar wechselten. Und, kaum zu glauben: Dort stießen wir doch tatsächlich auf unseren fantastischen Hero, den Sixpack-Ken.

**Kurz gesagt**: Ein Stripper ohne Bro's ist wohl so langweilig wie eine Party mit sich selbst als einzigem Gast.

# Der Serienjunkie

**Alles zusammen:**
- Gecastet: online
- Wow-Faktor: 👁👁👁👁👁👁👁👁👁👁
- Vibes: ♥♥♥♡♡♡♡♡♡♡
- Performance: 👄👄👄👄👄👄👄👄👄👄
- Oh-Faktor: 💧💧💧💧💧💧💧💧💧💧
- Magischer Moment: 👼👼👼👼👼👼👼👼👼👼

**Story:** Mann oh Mann, der Kerl kannte alle unsere Lieblingsserien in- und auswendig. Obwohl er wie ein irischer Kobold aussah, punktete er gewaltig durch Humor und TV-Kompetenz.

Wegen dem wunderschönen, sonnigen Frühlingstag, dem lauschigen Cafe und den zwei oder drei nicht alkoholfreien Getränken wurde es mit unserem Date ein überaus geselliger Nachmittag. Die Einladung zur Fortsetzung des Dates an einem privateren Ort haben wir zwar abgelehnt, dafür hat unser Date unverzüglich nach unserer Absage über die Dating-App eine weitere Interessentin gecastet.

Der Serienjunkie blieb, wohl mangels passender Kandidatinnen, noch einige Wochen charmant an uns dran und bot sich sogar als Übergangsmann an.

**Kurz gesagt**: Man sieht nur mit den Augen gut, kleiner Prinz. Das Herz wird folgen – oder eben nicht.

# Der Riese

**Alles zusammen:**

- Gecastet — offline
- Wow-Faktor
- Vibes
- Performance
- Oh-Faktor
- Magischer Moment

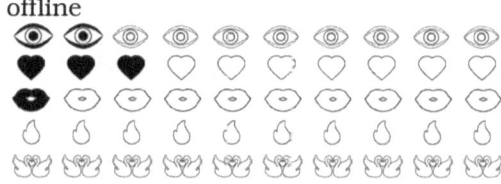

**Story:** Kennengelernt haben wir ihn bei der Faschingsparty. Aus Angst vorm bösen Wolf suchten wir dort als Rotkäppchen seine Nähe.

Beeindruckt haben uns wahrlich seine Größe und seine riesigen Hände. Wir waren in Knutschlaune und haben getestet. Leider wollte er gleich manuell in unserem Körper abtauchen, und das mitten in der Menschenmenge.

Grund genug, sich flugs wieder auseinander zu dividieren und sich dem bösen Wolf mutig zu stellen.

**Kurz gesagt:** Größe allein ist eben doch nicht alles.

# Der Hartnäckige

**Alles zusammen:**
- Gecastet online
- Wow-Faktor 👁👁👁👁◎◎◎◎◎◎
- Vibes ♥♥♥♡♡♡♡♡♡♡
- Performance ☺☺☺☺☺☺☺☺☺☺
- Oh-Faktor 💧💧💧💧💧💧💧💧💧💧
- Magischer Moment 👼👼👼👼👼👼👼👼👼👼

**Story:** Typische Mogelpackung-Geschichte. Das Profilfoto war sehr attraktiv, der Mann eloquent, die Stimme am Telefon angenehm. Der kleine Hinweis, dass er jetzt ein wenig anders aussehe, hat uns anfänglich nicht gestört. Wir dachten entweder an Typveränderung oder das was jeder einmal tut: Haut glätten und Unreinheiten entfernen – bis die Foto-App dingding meldet „keine weiteren Makel gefunden". Trotz diffusem Bauchgefühl stimmten wir dem ersten Kennenlernen beim Volksfest zu.

Auf dem Weg dorthin hätte uns beinahe ein Auto überfahren, was wohl ein böses Omen war. Der Typ erwies sich beim vereinbarten Treffen als komplette Mogelpackung, küsste uns gleich schlabbrig und versuchte, uns ungeniert und gierig an die Wäsche zu gehen.

Wir mussten seine fummelnden Hände grob abwehren. Ohne uns zu verabschieden, verdrückten wir uns eilig in die Menge.

Einige Zeit lang erhielten wir noch lästige Nachrichten, die uns zum Meinungsumschwung bekehren sollten. Doch sorry, wer sich für unwiderstehlich hält und ein Nein absichtlich ignoriert, ist bei uns deplatziert.

**Kurz gesagt:** Wenn du dir mehr wert bist als Fast Food am Volksfest, nimm Abstand von gierigen Mogelpackungen. Der „Serviervorschlag" täuscht meist über den echten Inhalt hinweg.

# Der Harte

**Alles zusammen:**
- Gecastet — online
- Wow-Faktor
- Vibes
- Performance
- Oh-Faktor
- Magischer Moment

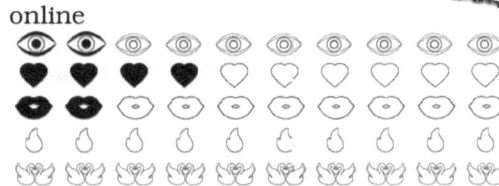

**Story:** Er wurde uns von einer gemeinsamen Freundin empfohlen, da er einen interessanten Beruf, gutes Benehmen und Humor hatte. Das Date fand im Kino mit mega Romanze auf der Leinwand statt, obwohl wir selbst gerade unter Herzschmerz litten. Das ist masochistisch und selten eine gute Basis. Doch der Impuls, gerade deshalb etwas erleben zu wollen, war stärker als die Vernunft. Mit einer durchschaubaren Ausrede schaffte er es in unsere Wohnung. Nach rekordverdächtiger Aufwärmzeit legte er los wie wild. Für unseren Geschmack deutlich zu wild, deshalb schickten wir ihn nach dem zweiten Durchgang nach Hause. Wir mussten unsere Gefühle erst mal ordnen. Kontaktversuche seinerseits blockten wir so lange ab, bis nichts mehr kam.

**Kurz gesagt:** Harte Kerle mit Schlagbohrqualitäten machen wund und geben unangenehm zu denken.

# Der Ferngesteuerte

**Alles zusammen:**
- Gecastet    offline
- Wow-Faktor    👁 👁 👁 👁 👁 👁 👁 👁 👁 👁
- Vibes    ♥ ♥ ♥ ♥ ♡ ♡ ♡ ♡ ♡ ♡
- Performance    👄 👄 👄 👄 👄 👄 👄 👄 👄 👄
- Oh-Faktor    💧 💧 💧 💧 💧 💧 💧 💧 💧 💧
- Magischer Moment    🦢 🦢 🦢 🦢 🦢 🦢 🦢 🦢 🦢 🦢

**Story:** Er kam, sah und siegte. Deutlich ferngesteuert pflügte er sich im Club durch die Menge und pickte die für ihn interessantesten Weibchen heraus.

Natürlich sahen wir ihn schon von Weitem aus der Masse herausleuchten, wohlwissend, dass solche Kerle nach Ärger schreien und man sie lieber auf die Liste der Unverträglichkeiten setzt. Erstaunlich schnell nahm er uns fest in den Arm und drückte seine Hüften eng an unsere. Wusch, da waren seine Lippen schon fest auf unsere gepresst – wider Erwarten küsste er phänomenal.

Doch dann nahm er unsere Hand und steckte sie dorthin, wo es am wärmsten ist. Und ja, sein Teil schlug die EU-Durchschnittsgröße im ausgefahrenen Zustand definitiv um Längen.

Leider hatten wir an diesem Abend keine Lust auf eine Handarbeits-Einheit und taten recht bestürzt. So zog er weiter zur nächsten, willigeren Dame.

**Kurz gesagt:** Rubbel-Lose sind uns an manchen Tagen einfach lieber als Typen mit hammerharten Fakten in der Hose.

# Der Türsteher

**Alles zusammen:**

- Gecastet
- Wow-Faktor
- Vibes
- Performance
- Oh-Faktor
- Magischer Moment

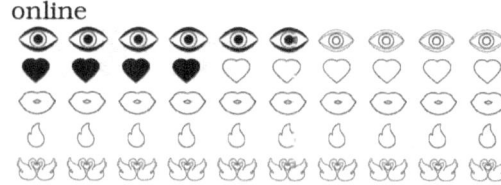

**Story:** Online hatte er bereits beträchtliche Pluspunkte gesammelt und wir freuten uns auf das Date. Zwischen Arbeit und Maniküre quetschten wir ihn noch in unseren Terminkalender, weil wir so neugierig auf ihn waren.

Der Türsteher war ein angenehmer, unterhaltsamer Gesprächspartner mit äußerst interessanten, sportlichen und auch praxistechnisch kompatiblen Facetten.

Doch leider, leider wurde das anfängliche Kristern brutal und unwiederbringlich mit dem Satz ausgelöscht: „Meine Mama und ich verstehen uns super, wir wohnen sogar zusammen." Das war bitter, weil er nicht nur optisch ein Testo war, sondern auch das Herz am rechten Fleck hatte.

**Kurz gesagt:** Gute Nacht, wenn Mama lauscht und wir von ihr morgens noch einen Smoothie serviert bekommen!

# Der Cyber-Lover

**Alles zusammen:**

- Gecastet
- Wow-Faktor
- Vibes
- Performance
- Oh-Faktor
- Magischer Moment

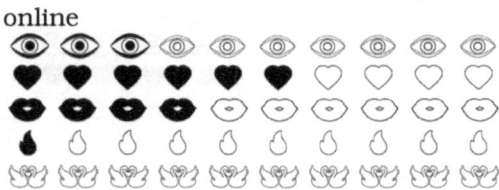

**Story:** Wir fanden ihn gänzlich unerwartet aufgrund einer Ortsveränderung durch das GPS-Signal einer Dating-App. Sein Foto schaute ansprechend aus und der Erstkontakt verlief sehr angenehm. Etliche Stunden verbrachten wir mit Schreiben, Telefonieren, Sex-Chatten und Telefonsex. Offensichtlich machte ihn allein unsere Stimme richtig an, denn er kam mehrfach live. Keine Frage, er hatte uns verzaubert und bekam seinen virtuellen Platz in unserem Leben. Bis zum ersten Treffen von Angesicht zu Angesicht, das wir mit einem ausgiebigen Spaziergang und beim Lieblingsitaliener eröffneten. Das Live-Date erwies sich leider als ziemlich holprig, denn die sexy Vibes verpufften wie in Zeitlupe. Trotzdem verbrachten wir ein paar Stunden mit ihm im Hotel. Schließlich wollten wir die gemeinsam erschaffenen Fantasien auch mal in Real Life erleben und endlich in unser erbautes Traumschloss einziehen. Die Architektur auf Wolke 7 hielt jedoch nicht stand, und so vertschüssten wir uns nach der Dusche charmant wortgewandt ins Singledasein.

**Kurz gesagt:** Anstatt der gemeinsam im Traum erschaffenen 8-Zimmer-Prachtvilla erwartete uns ein desolater Wohnwagen am Campingplatz neben der Autobahn. Manche Typen sollten eben doch besser bloß Cyber-Lover bleiben.

# Unsere Heroes

Ja, unsere Heroes haben sich unvergesslich gemacht! Nicht zuletzt deshalb, weil der ein oder andere tatsächlich für heftige Herzschmerz-Attacken sorgte und die Ursache dafür war, dass wir uns – elend wie Teenager – nach seinem Anruf verzehrten.

Trotzdem bekommen all unsere Heroes einen Platz in unserer Hall-of-Fame-Erinnerung, weil wir mit jedem von ihnen wunderbar prickelnde Momente erleben durften.

Wie die Zeros haben wir sie wieder nach den Vibes gereiht.

# Der Glorifizierer

**Alles zusammen:**
- Gecastet: online
- Wow-Faktor: 👁👁👁 👁 👁 👁 👁 👁 👁 👁
- Vibes: ♥♥ ♡ ♡ ♡ ♡ ♡ ♡ ♡ ♡
- Performance: 😊😊😊😊😊😊😊😊😊😊
- Oh-Faktor: 💧💧💧💧💧💧💧💧💧💧
- Magischer Moment: 🦢🦢🦢🦢🦢🦢🦢🦢🦢🦢

**Story:** Ein wahrhaftiger Adonis, wie er im Buche steht, der unser „like" prompt erwidert hat.

Wir warteten auf Ecken und Kanten, Dick-Pics und Avancen für einen Sex-Chat. Doch unglaublich, dieser Prachtkerl träumte wohl nur von den kleinen und großen Schweinereien, ohne sie auszusprechen, und diesmal lag die Stille bestimmt nicht an Sprachbarrieren. Er streute uns Rosen ohne Ende, hob uns in den Himmel und zeigte sich fassungslos angesichts unseres Single-Daseins.

Beruflich schwer am anderen Ende der Welt beschäftigt, trafen wir ihn leider noch nie in echt. Wobei wir uns seine äußerst gut konturierten Oberarme liebend gerne aus der Nähe angeschaut hätten.

**Kurz gesagt:** Traummann, steig in den Flieger und leg uns nieder!

# Der Entschlossene

**Alles zusammen:**
- Gecastet
- Wow-Faktor
- Vibes
- Performance
- Oh-Faktor
- Magischer Moment

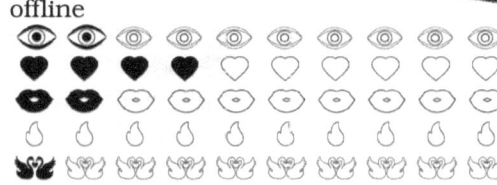

**Story:** Entweder war es unser Tanzstil oder der Umstand, dass wir verfügbar wirkten, weil wir ohne männliche Begleitung im Club waren.

Urplötzlich spürten wir von hinten erst eine Hand auf der linken, dann die andere Hand auf der rechten Hüfte. Mit einem straußenhalsverdrehenden Blick nach ganz weit oben stellten wir fest, dass unser Bewerber ganz ansehnlich aussah. Klar, dass er weitermachen durfte, wenn es sich bisher schon so prickelnd angefühlt hatte.

Wenngleich wir seine Kontaktversuche unterhalb der Gürtellinie abwehrten, erlaubten wir ihm dennoch, uns weiter zu küssen. Mehr hätten wir uninteressant gefunden, schließlich lief das Typmatchen zur Musik nicht harmonisch genug, als dass es gefunkt hätte.

**Kurz gesagt**: Jodeln, Poppen, House – guter Sex baut auf Rhythmus auf. Hier hätte es nicht einmal zur volkstümlichen Hitparade gereicht, weswegen wir uns für eine Solonummer mit uns selbst entschieden.

# Der Masseur

**Alles zusammen:**
- Gecastet      online
- Wow-Faktor
- Vibes
- Performance
- Oh-Faktor
- Magischer Moment

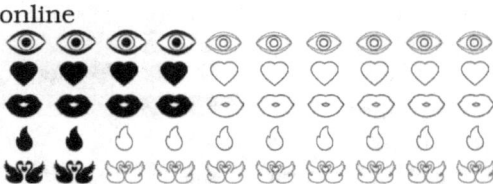

**Story:** Richtig, das war ja tatsächlich eines unser ersten Dates gewesen! Unglaublich, wie blauäugig wir an die Sache herangegangen sind.

Von fiesen Dating-Maschen und echten Sex-Dates hatten wir damals noch keinen blassen Schimmer. Daher hatten wir das Date flugs für den nächsten Abend fix gemacht.

Es lief sehr gut, und nach der Sperrstunde waren wir schon mit dem Taxi am Weg zu ihm nach Hause. Dort machte er uns einen exzellenten Chai-Latte, und während er uns von seinen Kochfertigkeiten erzählte, bekamen wir eine umwerfende Massage.

Auch wenn das offenbar seine übliche Taktik war, uns hat's gefallen und wir haben uns noch eine Weile mit ihm getroffen. Schließlich fühlten wir uns in seiner Nähe und unter seinen Händen wohl. Nicht zu vergessen seine breiten Schultern und seine Angewohnheit, uns nachher liebevoll zuzudecken.

**Kurz gesagt:** Mit der Bettdecke liebevoll zugedeckt werden ist super, doch wir wurden unruhig und suchten das Abenteuer.

# Der Geschmeidige

**Alles zusammen:**

- Gecastet
- Wow-Faktor
- Vibes
- Performance
- Oh-Faktor
- Magischer Moment

offline

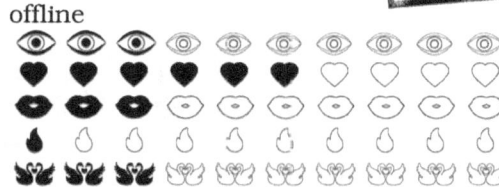

**Story:** Wir wurden mitten in der Menschenmenge entdeckt. Er hatte äußerst geschmeidige Hände, die sich uns sanft näherten. Behutsam und neugierig erkundete er unseren Körper durch die Kleidung hindurch und bewegte sich gleichzeitig mit uns im Takt der feiernden Meute. Mmmh, wie aufregend er mit uns durchging!

Nach heißen Küssen, vielen Umarmungen und weiteren Berührungen hier und da mussten wir endlich mal die drei Liter Wasser auspieseln, die wir vorsorglich für die Nacht in dieser teuren Location konsumiert hatten. Dabei verloren wir uns eine Weile aus den Augen, bis wir uns wieder begegneten und weitermachten.

Während wir bei ihm zu Werke waren, durfte er auch uns deutlich näherkommen. Die Einladung, mit ihm nach draußen zu gehen und Kleidung abzulegen, schlugen wir aufgrund unseres „Wir bleiben brav"-Vorsatzes aus. Außerdem mussten wir schon wieder aufs Klo.

**Kurz gesagt:** Wenn das Tafelwasser unverschämt kostspielig ist, ist es zwar günstig, vorher billig über den Durst zu trinken, aber es kommt dich teuer zu stehen, wenn du aufgrund deiner überfüllten Blase vorzeitig aus dem Rennen genommen wirst.

# Der Rennradfahrer

**Alles zusammen:**
- Gecastet
- Wow-Faktor
- Vibes
- Performance
- Oh-Faktor
- Magischer Moment

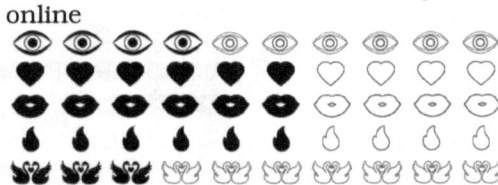

**Story:** Über Monate hinweg waren wir immer wieder in Kontakt. Er machte unmissverständlich klar, dass er ein Sex-Date mit uns möchte und dafür auch etliche Kilometer mit dem Rennrad zu uns fahren würde.

Je nach aktueller Dating-Bilanz waren wir für diesen Vorschlag im Lauf der Zeit offener oder nicht. Doch meistens nie so spontan davon überzeugt wie er, weswegen er ein Online-Testo blieb. Bis zu dem Tag, als wir Nägel mit Köpfen machten, ihn anriefen und ihn zu uns einluden.

Wir hatten zwar etwas Muffensausen, doch das legte sich erstaunlich schnell. Denn er stellte uns die Fernsehsender neu ein und kümmerte sich auch um die schiefe Vorhangstange.

Danach suchte er unaufdringlich und zart den Kontakt und wir stimmten dem Probeknutschen zu. Es fühlte sich hervorragend an, weshalb wir ihn von weiteren Reparaturtätigkeiten befreiten und unsere Kleidung ablegten. Als wir ihn dann auspacken durften, waren wir äußerst verzückt. Es zeigte sich, dass unser Rennfahrer nicht nur muskelbepackte Waden hatte, sondern als Handwerker auch das Handwerk als Lover hervorragend verstand.

Fortsetzung folgte, bis der Winter kam und das Rennrad im Keller überwintern musste.

**Kurz gesagt:** Patente Männer erobern unser Herz im Sturm, denn sie können nicht nur mit Werkzeug und Fernbedienung umgehen, sondern auch sich selbst bedienen.

# Der Vergebene

**Alles zusammen:** offline

- Gecastet
- Wow-Faktor
- Vibes
- Performance
- Oh-Faktor
- Magischer Moment

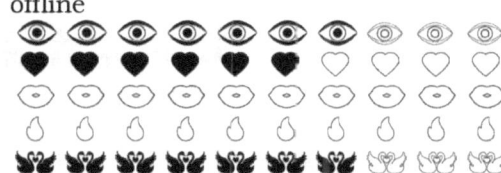

**Story:** Auf dem Weg zu den leckeren Brezeln stand er beim Megafest vor uns. Unsere Augen begegneten sich und es machte BANG!

Er nahm unsere Hand im Vorbeigehen, wir zogen daran, und dann kamen wir uns ganz nah.

Wir verabredeten uns um eine bestimmte Uhrzeit an einem bestimmten Ort. Es folgte Match an Match: Musik, Reisen, Hobbies … und die Vibes wurden stärker und stärker.

Geküsst haben wir uns nicht, weil sich herausstellte, dass er vergeben war. Außer einer herzlichen Umarmung, tiefen Blicken und einem Seufzen gingen wir leer aus und alleine nach Hause.

**Kurz gesagt**: Mit einem Luftdruckgewehr lässt sich kein Zwölfender erlegen. Unsere Flinte war einfach nicht scharf genug geladen.

# Der Hollywood-Bolide

**Alles zusammen:**

- Gecastet — offline
- Wow-Faktor
- Vibes
- Performance
- Oh-Faktor
- Magischer Moment

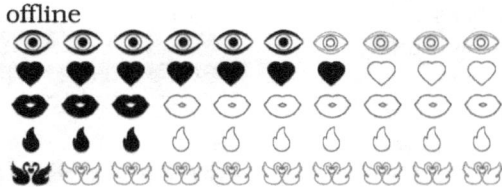

**Story:** Hollywood ließ grüßen. Und statt Mini-Mann-Format wurde die Maxi-Version von Captain America geliefert.

Für uns war er zwar etwas zu heiß zum sofortigen Vernaschen, doch mit geschickt gewählten Worten hypnotisierte er uns. Ja, unsere Beine bewegten sich automatisch hinter ihm her, als er aufstand und uns in Richtung Garderobe abschleppte.

Dort ging er uns zielstrebig und versiert an die Wäsche. Auch wir durften beschnuppern und anfassen, was der Hollywood-Bolide an Attributen vorzuweisen hatte. Und das war mächtig beeindruckend. Wir selbst fühlten uns immer noch etwas paralysiert, angesichts der Menge Testosteron um uns herum.

Letztlich, nach mehrmaligem Flehen seinerseits, stellten wir ihm einen in Latex verpackten Passierschein aus.

Leider währte unser Vergnügen nur wenige Millisekunden und wir gingen ohne Oh nach Hause.

**Kurz gesagt:** Schnelle Nummern sind ok, doch wir vernaschen Schokolade lieber gaaaanz langam, da hält das Vergnügen länger an.

# Der Skilehrer

**Alles zusammen:**
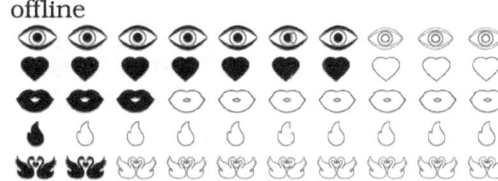

- Gecastet — offline
- Wow-Faktor
- Vibes
- Performance
- Oh-Faktor
- Magischer Moment

**Story:** Er kam und sorgte dafür, dass wir ihn direkt auf dem Radar hatten. Das war nicht schwer, denn er war charmant, klug, hübsch und sah genauso aus wie jene Skilehrer, auf die wir schon früher standen.

Wann und wie es losging, wissen wir nicht mehr. Es war beim Waldfest, die Musik laut, die Stimmung prickelnd. Er roch himmlisch und seine Küsse waren betörend.

Leider hatte sein Freund die Beute aus den Augen verloren und drängte in mieser Laune auf Rückkehr in die Studentenbude. Statt Nummern tauschten wir noch ein paar intensive Küsse, und tschüss.

Schade, denn unsere Begegnung hatte bereits vor der eigentlichen Abfahrt Tempo aufgenommen und sich fantastisch angefühlt.

**Kurz gesagt:** Männer, die aneinanderhängen, kann man wohl nur zu zweit abschleppen – oder mit einem flotten 3er.

# Der Tarzan

**Alles zusammen:**
- Gecastet
- Wow-Faktor
- Vibes
- Performance
- Oh-Faktor
- Magischer Moment

offline

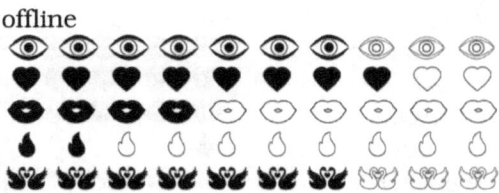

**Story:** Wow. Wow. Wow. So einen heißen, zugedröhnten Kerl hatten wir schon lange nicht mehr angetroffen.

Er erinnerte uns glasklar an Tarzan, deshalb pirschten wir uns wie eine feurige Tigerin an ihn heran, bis er uns nicht mehr übersehen konnte. Alsbald nahm er bereitwillig Körperkontakt mit uns auf, und dann tanzten wir eng umschlungen, gefühlt stundenlang, und knutschten und knutschten.

Andere an uns interessierte Kandidaten kamen wegen Tarzan nicht zum Zug, was einerseits schade, andererseits aufgrund des anwesenden Materials aber die richtige Entscheidung war.

Weil wir während des Trockensex auch seinen fantastischen Körper oberhalb und unterhalb der Gürtellinie Zentimeter um Zentimeter ertasteten, wussten wir bald um alle seine Vorzüge Bescheid.

Bestückt war er definitiv gut, doch fürs Einparken musste er sich eine andere Jane suchen. Schließlich waren wir aufgrund der umstehenden Zuseher inzwischen viel zu bekannt, als dass wir diskret aus der Zaubershow verschwinden hätten können.

**Kurz gesagt:** Mister Magic, der Erfolg deiner Zaubershow ging zumindest beim Durchbohren der sexy Jungfrau auf unsere Kappe.

# Der Jüngling

**Alles zusammen:**

- Gecastet — offline
- Wow-Faktor
- Vibes
- Performance
- Oh-Faktor
- Magischer Moment

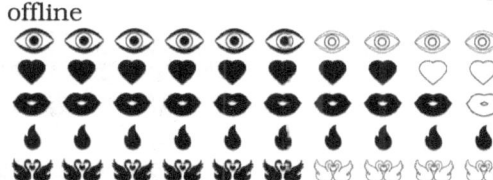

**Story:** Doggy-Style war wohl schon immer seine Spezialität, denn beim Straßenfest drängte er sich gezielt an uns. Er entpuppte sich als sehr attraktiver, charmanter, kluger Mann.

Wir entschieden uns, mit Falafel in der Hand eine ruhige Ecke zu suchen. Nach dem Essen, dem Kennenlernen und ein paar heißen Hüftschwüngen unter freiem Himmel spazierten wir zu ihm.

Hinreißend war vor allem seine Art, den Hardcore-Doggy-Style zu perfektionieren. Mann oh Mann, gab das viele Ahs und Ohs!

Nach einem Espresso aus der Mocca-Kanne verriet er uns grinsend sein Alter und wir mussten schlucken. Unseres ist ihm entweder entgangen oder war ihm egal, denn er meldete sich noch ein paar Mal bei uns, und jedes Mal war es wieder eine herrlich sinnliche Erfahrung.

**Kurz gesagt**: Von hinten sind wir alterslos. Bis zum nächsten Mal, Jüngling!

# Der Smarte

**Alles zusammen:**

- Gecastet
- Wow-Faktor
- Vibes
- Performance
- Oh-Faktor
- Magischer Moment

offline

**Story:** Dank der besten Freundin, die ihn als Flirtassistenten ausgewählt hatte, gab es ein Match.

Das Vorspiel inkludierte Drinks an der Metal-Bar. Nach stundenlangem Reden, Lachen, Flirten und seine perlweißen Zähne Bewundern waren wir ausreichend aufgeheizt und fuhren zu ihm.

Was dann folgte, war ein wahrlich sexuelles Abenteuer. Die sexuellen Vibes waren auch so der reinste Wahnsinn. Der Smarte entlockte uns unglaubliche Ahs und Ohs, gefolgt von etlichen Wiederholungen.

Das ging so lange, bis er gegen sechs Uhr morgens seine Sachen zusammenpackte mit den Worten: „Ich muss zum Bäcker."

Doch damit nicht genug: Wir begegneten ihm wieder. Im Park, im Supermarkt und in der Metal-Bar. Jedes Mal zog es uns wie Magneten zueinander und wir landeten immer in seinem Bett.

Leider ließ seine Performance stetig nach, und zum Schluss glänzte er durch Taktlosigkeit. Er sagte uns eines Tages, dass der Sex mit uns grottig war. Hallo?

**Kurz gesagt:** Der Smarte wird trotz seiner Taktlosigkeit immer ein Stein in unserem B(r)ett haben. Hier ist der letzte Brösel jedenfalls noch nicht vom Tisch gekehrt.

# Der Mister Amore

**Alles zusammen:**
- Gecastet: online
- Wow-Faktor
- Vibes
- Performance
- Oh-Faktor
- Magischer Moment

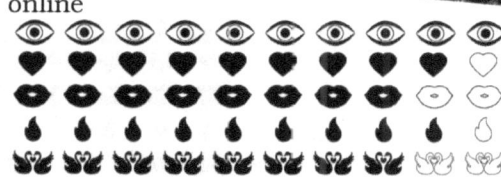

**Story:** Er war einer der ersten Matches, doch weil sein Foto nach schmalzigem Südländer aussah, willigten wir erst recht spät zu einem Treffen ein und sagten vorher noch ein paar Mal kurzfristig ab.

Wir verabredeten uns vor einem Food-Truck zur Mittagszeit, und während wir noch aufs Handy linsten, sahen wir aus dem Augenwinkel, wie Mister Amore auf uns zuschritt. Er grinste von einem Ohr zum anderen, lehnte sich sexy an die Wand des Food Trucks und küsste uns im Nu, bis uns schwindlig wurde. Wir ließen uns in seine Arme und den zuvor bestellten Vitamindrink zu Boden fallen. Er meinte: „Scherben bringen Glück", und wenig später fragte er uns, ob wir uns seine Chili-Plantage anschauen wollten.

Mit Herzklopfen stiegen wir in sein schickes Auto, simsten das Kennzeichen einer Freundin und hofften, unser Bauchgefühl würde uns nicht trügen. Zu Hause entpuppte er sich als „Mit-Gummi-kein-Ende-Mann", doch da musste er durch. Wir wälzten uns quer durch das Bett, bis er sich mit den von südländischem Dialekt angehauchten Worten „Ich liebe disch!" verabschiedete.

Noch am selben Tag stand er wieder vor unserer Tür und es ging weiter. Es folgte ein drittes Wiedersehen, bei dem er – wider Erwarten – trotz Gummi kam. Wir beendeten den Kontakt jedoch schweren Herzens via Messenger-Nachricht – aus Angst, uns zu verlieben. Gut so! Denn danach beobachteten wir sein Auftreten auf verschiedenen Dating-Plattformen, wo er unter anderem die beste Freundin anbriet – und sich selbst ein neues Pseudonym verpasste.

**Kurz gesagt:** Mister Amore hat unser Herz erobert, und weil es ganz bleiben soll, haben wir nicht mehr von der verbotenen Frucht genascht.

# Der Wikinger

**Alles zusammen:**

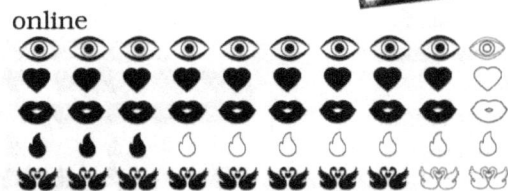

- Gecastet — online
- Wow-Faktor
- Vibes
- Performance
- Oh-Faktor
- Magischer Moment

**Story:** Wie kitschig. Unsere Spielwiese war der Waldrand, wo wir uns nach nächtlichem Grill- und Partyspaß bloß den romantischen Sonnenaufgang reinziehen wollten.

Und doch passierte es, dass es uns wie zwei Magneten zueinander hinzog. Wir waren im Dilemma. Einerseits hatten wir unseren Eisprung, andererseits wollten wir den unglaublich umwerfenden Wikinger nicht einfach so ziehen lassen.

Daher vereinbarten wir zuerst die Bedingungen und legten dann los. Das Motto lautete „Küssen ohne Sex" – und dieser Zielvereinbarung kam er prompt nach. Er küsste umwerfend und lieferte mit unbändiger Energie das volle Trockenschwimmkurs-Programm.

Ja, er zeigte uns, wie sexy männliches Dominanzgehabe beim Trockensex sein kann, denn nie hätten wir gedacht, dass wir darauf stehen, regungslos arretiert zu werden.

Leider mussten wir unser fantastisches Match wieder verabschieden, da bereits die ersten Pilzsammler unsere Bahnen kreuzten.

**Kurz gesagt:** Wow, was sich damals bei den starken Männern abgespielt hat, können wir uns jetzt ansatzweise vorstellen. Mit diesem Exemplar hätten wir uns allzu gerne Bett und Tisch im Langhaus geteilt.

# Der Stierkämpfer

**Alles zusammen:**
- Gecastet   online
- Wow-Faktor 👁👁👁👁👁👁👁👁👁👁
- Vibes ♥♥♥♥♥♥♥♥♥♡
- Performance 👄👄👄👄👄👄👄👄👄👄
- Oh-Faktor 🔥🔥🔥🔥🔥🔥🔥🔥🔥🔥
- Magischer Moment 🦢🦢🦢🦢🦢🦢🦢🦢🦢🦢

**Story:** Puh, da haben wir uns auf einen eingeschossen, von dem wir normalerweise die Finger gelassen hätten.

Männer, die online gecastet werden, rasch Dick-Pics verschicken und Sex-Chats bis zum Finale wollen, sind auf kostenlosen Sex aus. Doch bei diesem Exemplar waren wir neugierig und in Stimmung dafür, drehten mit ihm eine Kennenlernrunde, und nachdem wir uns wohl miteinander fühlten, kam es dazu. Erstklassig muss man sagen, denn es gab ein Wow nach dem anderen. Die Chemie stimmte und die Körper harmonierten.

Kurz darauf kam das Wiedersehen. Etwas zu früh, nämlich bereits 24 Stunden später. Eben noch hatten wir mit einer Freundin über ihn geschwafelt, ihn taxiert und vibesmäßig sortiert – und siehe da, prompt tauchte er unweit von uns entfernt ausgerechnet bei der Ü 30-Party auf.

Wir waren durchaus erstaunt, ihn gerade hier und jetzt anzutreffen, doch er tat so, als ob er uns nicht kennen würde. Kein Wunder: Schließlich war er gerade schwerstens mit Abtanzen zu 90er Trash und Aufreißen einer zu uns komplett gegensätzlichen Braut beschäftigt.

Wenig später schickte er uns eine Einladung zu einer Wiederholungsnummer, die wir innerlich bejubelten und lässig ignorierten. Denn klarerweise war der Dick-Pic-Typ diesmal nicht dort gelandet, wo er hinwollte.

**Kurz gesagt:** Neues findet sich nicht immer so schnell wie erhofft. Doch für B-Ware sind wir uns viel zu wertvoll.

# Der Paletten-Pauli

**Alles zusammen:**
- Gecastet — online
- Wow-Faktor
- Vibes
- Performance
- Oh-Faktor
- Magischer Moment

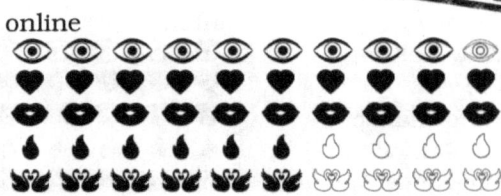

**Story:** Wir haben ihn in einer lauen Sommernacht erspäht, weil er mit seinen 190 Zentimetern, dem durchtrainierten Body und lässigem Hüftschwung eindeutig unsere Mindestanforderungen getoppt hat.

Umzingelt von Best Buddies war es anfangs recht schwer, an ihn ranzukommen. Doch mit einem kecken Lächeln und charmanter Unbekümmertheit konnten wir in den inner circle vordringen. Bling, schon war der Scheinwerfer auf uns gerichtet. Alles, was anschließend zwischen uns passierte, war atemberaubend.

Nachdem vor Publikum kein Vorspiel mehr zu gewinnen war, verkrümelten wir uns auf der Suche nach einem ruhigen Plätzchen in ein ruhiges Eck der Tiefgarage. Rasch brachte er uns dank seiner fantastischen Finger- und Lippentechnik unterhalb der Gürtellinie halbnackt zum Glühen.

Weil uns dann doch alles einen Tick zu rasch ging, verabredeten wir uns ein paar Tage später. Leider war er wohl nicht in Glühwürmchen-Stimmung, denn das Treffen verlief ziemlich lauwarm.

**Kurz gesagt:** Wer lieber ganz alleine chillt, anstatt das Feuer lodern zu lassen, stürzt als Phönix in die Asche.

# Der Herzschmerz-Verursacher

**Alles zusammen:**
- Gecastet
- Wow-Faktor
- Vibes
- Performance
- Oh-Faktor
- Magischer Moment

offline

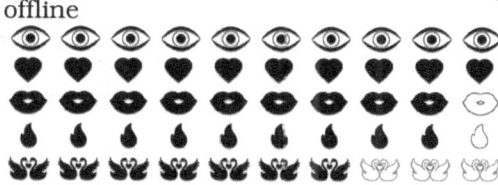

**Story:** Morgens um halb vier nahmen wir in seinem Heißluftballon Platz. Dort wurde die Luft wegen unglaublicher Knister-Vibes schnell knapp. Nicht nur aufgrund der Höhe wurde uns ganz schwindelig.

Unser Herz klopfte wie wild angesichts des stahlhart geformten Körpers, der akzentuierten Stimme und des erstklassig getrimmten Barts. In Windeseile entfachte er unseren Paarungswunsch. Während wir die Etikette erfolgreich ignorierten, sandten wir eindeutige Signale aus. Ahhh! Wann, bitteschön, würden wir einem so sexy Heißluftballonpiloten so nahekommen? Am höchsten Aussichtspunkt angekommen wurden die Gurte vorsichtig gelockert. Es folgte ein fulminantes Abenteuer mit einer gehörigen Portion Extra.

Er gab uns seine Telefonnummer, doch wir meldeten uns wochenlang nicht, weil wir unsicher waren, ob es auch am Boden mit uns passen würde. Das ging so lange, bis wir ihn bei einem Ballonfahrertreffen wiederentdeckten. Es machte klick, er war begeistert, verteilte jede Menge Komplimente und wollte uns sofort wieder mit in die Luft nehmen. Dabei knisterte es derart, dass die Herren und Damen in den umliegenden Ballonen wohl genauso erregt waren wie wir selbst.

Eiligst machten wir uns vom Acker, um uns zu spüren. Der Sex war intensiv, himmlisch und vertraut. Danach gab es einen Putty-Call, einige Text-Nachrichten, ein paar Telefonate, ein geplatztes Date – und zwölf Stunden später eine unverhoffte Begegnung.

Mit einem Mal wussten wir wieder, wie scheußlich sich Herzschmerz anfühlte, und sehnten uns nach einem Wiedersehen.

**Kurz gesagt:** Das ewige On-Off-Getue seinerseits machte unser Gummiband so lange mürbe, bis es riss und wir ausreichend Ballast abwerfen konnten, um in andere Territorien aufzusteigen.

# Der Sixpack-Ken

**Alles zusammen:**

- Gecastet
- Wow-Faktor
- Vibes
- Performance
- Oh-Faktor
- Magischer Moment

offline

**Story:** Ein Gesamtkunstwerk! Kennengelernt haben wir ihn am Taxistand. Er sprach uns und unsere Libido sofort an, und so fuhren wir mit dem Taxi zum schönsten Platz der Stadt.

Jedoch mit weit geöffnetem Fenster, da die starken Knister-Vibes für erhebliche Hitzewallungen sorgten. Ihm ging es ähnlich. Er nahm unsere Hand und nachdem wir hinreichend dem schönsten Platz der Stadt huldigten, kamen wir uns näher und näher.

Es folgten einige unverhoffte und freudvolle Wiedersehen. Meistens passierte außer heißem Tanzen und vielen Küssen nicht viel, bis er es irgendwann doch zu uns nach Hause schaffte. Da waren wir dann sehr beeindruckt von seiner Männlichkeit und seiner absolut sanften Art uns gegenüber.

Alles in allem war und ist er ganz wunderbar und blieb mehrmals über Nacht, um uns nach dem Aufwachen wieder zu verwöhnen. Es gab weder peinliche noch unangenehm schweigsame Momente. Besonders schön war, dass er sich regelmäßig von sich aus meldete und wir auch tagsüber in den Zoo, ins Museum und abends ins Theater, in die Weinbar oder in den Club gingen, bevor wir zu ihm oder uns nach Hause starteten.

**Kurz gesagt:** Hoffentlich fragt er nicht nach unserem gemeinsamen Beziehungsstatus. Hier ist ein festes On-Off-Date im Anflug – obwohl wir doch so gerne Schmetterling spielen würden.

# Über den Tellerrand schauen

Jeder Mann, den wir kennengelernt haben und der als perfekter Lover gehörig Eindruck hinterlassen hat, ist Teil unserer Erinnerung geworden. Wir sind dankbar für diese wunderbaren, herzerwärmenden, bezaubernden und fantastischen Momente mit all den Heroes, die wir kennengelernt, berührt und in uns gespürt haben. Sie haben unsere Partynächte bereichert und für Gesprächsstoff gesorgt. Egal ob sie sich später mit einer Ausrede verdrückt, ihre Versprechungen eingehalten oder viel Herzschmerz hinterlassen haben.

Genauso schätzen wir, aus der Distanz heraus, unsere Online- und Offline-Begegnungen mit den Zeros. Sie erinnerten uns jeweils daran, auf welchen Typ Mann wir nicht wirklich stehen und welche Qualitäten uns absolut keine schwachen Knie oder Herzklopfen bereiten. Außerdem haben sie uns gezeigt, wann Ende im Gelände ist. Anders gesagt: Es war wieder einmal Zeit für Quality Time und eine Solonummer mit uns selbst.

Bekanntlich haben wir uns über Bildungs- und Landesgrenzen hinweg gematcht, gedatet und gepaart. Selbstverständlich auch mit Männern, die aus dem Osten, dem Süden und dem Westen der Welt stammten. Dabei galt es, so manch kulturelle Prägung oder Sprachbarriere zu meistern, die uns immer wieder dazu brachte, über den Tellerrand zu schauen.

Die vielen sehr persönlichen Begegnungen weckten unser Interesse für die Weltpolitik deutlich mehr als alle bislang konsumierten Nachrichtensendungen zum Quadrat und brachten uns dazu, auch außerhalb der Reiseplanung nach Städten auf Google Maps zu suchen, die uns nicht einmal aus dem Fernsehen bekannt waren. Darüber hinaus gruben wir Artikel aus, die über Partnerschaften, Rollenvorstellungen und Sexualität in Ländern diesseits und jenseits unserer Haustüre informierten. Mit einem Wort: Unsere Lust an einem Salsa-Kurs wurde ebenso geweckt wie das Interesse, altes Schul-Französisch verbal aufzufrischen.

Weil wir in fremde Welten eingetaucht sind, haben wir uns bewegt. Oben, unten, vorne, hinten und dazwischen. Weil wir viele Ahs und Ohs hatten, konnten wir in guten Erinnerungen schmachten und auch Pleiten-Pech-und-Pannen-Zeiten besser wegstecken. Wir ließen uns ganz einfach auf das ein, was uns Vater Zufall in den Schoß fallen ließ, und griffen gleichzeitig nach den Sternen. Wir entdeckten unsere Weiblichkeit neu und machten sexuelle Durststrecken wieder wett. Wir griffen eine gehörige Ladung Ego-Boost ab und sind wahrlich dankbar für all die magischen Momente, die wie Sternschnuppen unser Leben erleuchteten.

## Let us delete this app together

Natürlich hören wir nicht damit auf das zu tun, worüber wir nun seitenweise geschrieben haben. Wir machen weiter, nur in einem anderen Tempo und mit mehr Fokus auf die Kragenweite. Immerhin sind wir inzwischen bestens darin geübt, einen Trophäensammler von einem Zero-Kandidaten beim online Daten an den ersten drei Sätzen zu erkennen.

- Wir wissen genau, aus welchen Fantasien wir einen Sex-Chat basteln, und haben jede Menge Dick-Pics im schlaffen und geladenen Zustand gesehen. In unserer Sammlung finden sich genügend Männer, die mit uns in der Leitung live Hand angelegt oder uns mit noch klebrigen Fingern die Aufzeichnung darüber geschickt haben.
- Wir wissen, dass Männer ihre Inspiration aus Sexfilmen nehmen, obwohl sie nicht mal den G-Punkt auf Anhieb finden können.
- Wir wissen auch, dass viele Männer das „Mit-Gummi-kein-Ende-Problem" haben, während andere endlich das perfekte Match für ihren Fetisch finden möchten.
- Wir sind nicht mehr schockiert, wenn ein Mann statt „Hallo" zu sagen lediglich fragt: „Magst du Sex von hinten?"
- Wir haben so manch aufblühende virtuelle Beziehung ins Grab geschickt, indem wir – Dating-App-geschädigt – nach der Art des gewünschten Dates gefragt haben. Und zwar in der fälschlichen Annahme, jeder registrierte Kerl würde bloß kostenlosen Sex suchen.
- Wir kennen selbstverständlich mindestens eine Handvoll Feiglinge, die bevorzugt eine außereheliche Affäre casten oder sich eine Reservelady für die Übergangszeit nach der Trennung zulegen wollen.

- Wir wissen, wie wir uns ausgehfertig und Date-bereit kleiden, ins Superwoman Feeling schwingen und unser Paarungsinteresse nonverbal bekunden.
- Des Weiteren sind wir geübt darin, beim Sex-Date von total fremd auf total nackt zu switchen und gleichzeitig eine Sexualanamnese durchzuführen, während wir souverän die extra reißfesten Gummis überziehen.
- Wohlweißlich achten wir später auf die Position der möglicherweise raufgeklappten Klobrille, da wir bereits das ein oder andere Mal beim Pipimachen unerwartet tief plumpsten.
- Ja, wir sind inzwischen tatsächlich in der Lage, unsere althergebrachten, eingetrichterten, mürbe machenden Moralvorstellungen loszulassen und Orgasmen zu haben mit all den Heroes, die uns gefallen.
- Wir haben auch gelernt, „Nein Danke!" zu sagen, weil wir nicht mehr komplett ausgehungert auf die Jagd gehen.
- Wir wissen, dass es nicht mehr pfui ist, online via Dating-App oder soziale Netzwerke zu matchen und regelmäßig hübsche Selfies von sich machen.

**Was wir einzig und allein nicht wissen, ist, wie der nächste Mann sein wird, in den wir uns ernsthaft verlieben und mit dem wir eine monogame Partnerschaft führen wollen.**

- Ob er groß und muskulös ist und einen 3-Tages-Bart hat?
- Ob er Arzt oder Taxifahrer ist?
- Ob er hier sozialisiert oder woanders geprägt wurde?
- Ob er handwerklich begabt ist oder zwei linke Hände hat?
- Ob er eine oder zwei Ex-Frauen und viele oder keine Kinder hat?
- Ob es bei ihm genauso wumm macht wie bei uns?
- Ob er sein Leben so weit im Griff hat, dass er Zeit für uns hat?
- Ob er zu unserem Leben und in unsere Familie passt?
- Ob er es aushält, dass wir – unbeschwert und losgelassen – Partymäuse mit Superakku sind?
- Ob wir ihn überhaupt erkennen, wenn er vor uns steht?

Mann oh Mann, ist das alles aufregend! Natürlich werden wir ein Date mit Mr. Zukunft haben. Und wenn wir Mr. Zukunft tatsächlich aus dem Online-Männerdschungel casten und er sich als Mr. Right und wir uns als Mrs. Right erweisen, dann bestehen wir auf eine Sache ganz klar:

Er soll sämtliche Dating-Accounts in unserem Beisein löschen und uns selbst zuallererst erzählen, falls er in der Beziehung mit uns unglücklich oder sexuell unbefriedigt ist. Wobei dieser Zustand bei Männern wohl ein und derselbe ist – oder etwa nicht?

**Zusammengefasst**: Wir möchten den Spruch klopfen, den ein potenzieller Kandidat als Dating-Slogan aufgestellt hatte: „Let us delete this app together." Vielleicht, um anschließend alleine eine neue Dating-App zu installieren ☺.

# Küsse und Ergüsse

Hier findest du 20 praxiserprobte Tipps. Sie helfen dir dabei, dein eigenes Ding durchzuziehen und ähnliche oder noch viel freudvollere Erlebnisse zu genießen, als wir sie gehabt haben.

1. **Sei bereit:** Irgendwann hast du in einer Lebensphase wieder Lust auf phänomenalen Sex. Spätestens, wenn dich deine Solonummern mit und ohne Brumm-Brumm-Spielzeug anöden und du gerne zumindest zwei Hände mehr auf deiner Haut spüren willst, erkennst du, dass du sie dringend brauchst: neue Männer und viel Hautkontakt.

2. **Hol dir das Superwoman Feeling:** Zaubere dir das bereits in dir wohnende, manchmal sorgsam spießig verborgene Superwoman Feeling herbei. Das geht am besten in deinem Lieblingsoutfit und wenn du dich hübsch machst. Selbstverständlich kann dieses Gefühl auch durch eine Bergtour, einen geselligen Abend mit Freundinnen oder einen heißen Flirt aktiviert werden. Gönn dir eine regelmäßige Dosis Superwoman Feeling und erhöhe damit deine Anziehungskraft enorm.

3. **Sei fokussiert:** Finde heraus, was du willst. Bist du überzeugter Single? Suchst du Mr. Right für immer und ewig, womöglich mit dem Ziel, eine Familie zu gründen? Oder bist du bereits Mama und bloß scharf auf Abenteuer, während die Kinder von den Großeltern oder von ihrem Vater bespaßt werden? Wir entschieden uns für die Abenteuer-Variante. Immerhin sah man uns die vielen Geburtstage, die wir schon hinter uns hatten, noch nicht an. Und selbst wenn: 40 ist das neue 20, und 60 das neue 30. Alter schützt vor Sexyness nicht!

4. **Formuliere deine Mindestanforderungen:** Überlege dir, welche Mindestanforderungen ein Mann für ein normales Date, einen Sex-Chat oder ein Sex-Date zu erfüllen hat. Vernachlässige deine Mindestanforderungen auch nicht in Zeiten von quälendem Herz-

schmerz oder im Falle einer unerwarteten Durststrecke. Du wärst sonst verstimmt wie nach einem Essen, von dem du weißt, dass es dir nicht schmeckt.

5. **Flirte charmant und konstant:** Für Freundlichkeit, gespickt mit einer Prise Charme und einem aufmerksamen oder gar hinreißenden Lächeln sind die meisten Menschen, egal ob homo oder hetero, verheiratet oder Profisingle, immer zu haben. Das Alltagsflirten vermittelt Esprit und gute Laune und ist ideal, um für heiße Flirts am Wochenende in Übung zu bleiben. Kurz gesagt: Im Flirt-Mode kannst du bequem Probefahren und dann das Rennen für dich gewinnen.

6. **Finde dein Match:** Egal ob online oder offline: Sei zuversichtlich! Früher oder später wirst du im Jagdmodus dein Match finden. Falls sich der gecastete Kerl als Nullnummer herausstellt, bleib trotzdem im Flow. Der nächste Matchmaker kommt bestimmt. Das ist so sicher wie der Sonnenaufgang nach der Nacht.

7. **Sei präsent:** Mach dich nicht unsichtbar, sondern richte dich auf und zeige dich: Brust raus, Zähne geputzt und betörenden Duft verströmend. Strahle Lebensfreude aus und richte deine Aufmerksamkeit auf genau diesen Moment und dein spezielles Vorhaben, einen Lover zu finden. Männer werden dich nicht mehr übersehen können und früher oder später triffst du auf ihn, den sexy Typen mit der hammermäßigen Ausstrahlung.

8. **Mach die Augen auf:** Ja, halte deine Augen offen, sofern du nicht vorhast, blind durch dein Leben zu stolpern. Eise dich vom Handy-Zombie-Dasein los und schau dich konkret um. Ob in der Kantine, beim Bäcker oder in deiner Lieblingsbar: Scanne die Männer in deiner Nähe auf ihr Testo-Potenzial. Sei aktiv und übernimm die Initiative! Das ist heutzutage aus Sicht vieler Männer sogar erwünscht.

9. **Finde dein Match:** Den zu dir passenden Kerl kannst du online mit Dating-App, via soziale Netzwerke oder offline im Supermarkt, auf dem Spielplatz oder in deiner Lieblingsdisco finden. Wir bevorzugen die Offline-Variante. Bei dieser musst du nicht stundenlang

Nachrichten schreiben, die xte Frage zu deinen Vorlieben beantworten und mühsam die Heroes herauspicken. Außerdem kriegst du den Gesamteindruck (Größe, Statur, Charme, Vibes) ungeschönt und in Echtzeit gestreamt. Klar ist es verlockend, online bequem und risikolos Aufrisse zu verbuchen, doch nicht selten versteckt sich hinter Mister Mustermann der Kater im Sack.

10. **Verbinde dich:** Sobald du dein Auge auf einen Mann mit erfüllten Mindestanforderungen geworfen hast, stelle wiederholt Blickkontakt her und lächle ihn charmant an. Das signalisiert dein Interesse. Du kannst dich auf dem Weg zum stillen Örtchen oder zur Bar zu ihm vorarbeiten. Zack – irgendwann schnappt die Falle zu und dein Köder hat gewirkt. Bei einem online Match wirst du den magischen Moment erkennen, in dem er anbeißt: Das ist der Zeitpunkt, wo du in Gedanken schon deinen Kleiderschrank für das erste Date scannst – inklusive sexy Unterwäsche.

11. **Sei neugierig und offen:** Ohne diese Einstellung kannst du einpacken und ein Jahrhundert oder länger auf den perfekten Lover warten. Löse dich von fixen Vorstellungen und irreführenden Storys aus Liebesromanen. Das Leben schenkt dir viele, nur für dich gemachte Zufälle, in denen ein Prachtkerl tatsächlich deinen Weg kreuzt. Ergreife die Gunst der Stunde, dann sind dir magische Momente gewiss.

12. **Hüte dich vor Erwartungsdruck:** Versteife dich nie darauf, dass du gerade heute einem charmanten Testo oder Sixpack-Ken begegnen willst. Entscheide dich stattdessen für gesellige Sommerabende mit deiner Partyfreundin und für das Kalorienverbrennen beim Abtanzen. Angenehme Begegnungen sind Beiwerk wie Buttercreme auf Muffins: Ohne stabilen Unterbau funktionieren sie nicht. Mit unverkrampfter Ausgeh-Einstellung im Gepäck wirst du am häufigsten mit sexy Begleitung im Taxi heimfahren.

13. **Lege deine Grenzen fest:** Genauso wie du deine persönlichen Mindestanforderungen nicht unterlaufen solltest, darfst du auch deine innerlich gesteckten Grenzen nie überschreiten. Höre auf dein Bauchgefühl und besprece vor einem Sex-Date deine No Gos mit dem auserwählten Kandidaten. Fühlst du dich im direkten

Kontakt plötzlich unwohl oder hast du keine Lust auf Schlabberküsse, dann beende die Aktion freundlich, aber bestimmt. Im Fall hartnäckiger Nullaktien musst du Tacheles reden und klarstellen, dass es keine Einfahrtsbewilligung bei dir (mehr) geben wird.

14. **Steh auf Safer Sex:** Zur Grundausstattung gehören extra reißfeste Gummis aus dem Sexshop/dem Internet, denn im Drogeriemarkt bekommst du nur die normalen oder die superdünnen Viel-mehr-Gefühl-Verhüterlis. Denk daran, dass du nur geschützt sein bestes Stück verwöhnst – das gilt auch für Oralsex. Bei Popospielen sinkt zwar die Chance auf eine ungewollte Schwangerschaft, aufgrund der leichteren Verletzungsmöglichkeit braucht es hier aber unbedingt reißfeste Verpackung. Sei erbarmungslos und lass dich nicht kleinquatschen, wenn er es unbedingt unten ohne will. Die Keine-Gummi-Einstellung gibt absolutes Halteverbot.

15. **Rechne mit Herzschmerz:** Sei dir der Tatsache gewiss, dass dich Amors Pfeil früher oder später unerwartet trifft. Das wird höllisch weh tun. Auch wir wurden nicht verschont – kein Wunder bei der reichhaltigen Auswahl! Sei gewappnet und führe dein persönliches Anti-Herzschmerz-Programm durch, sobald es dich erwischt hat. Wir schwören auf Solonummern, Sport, Lieblingsserien, Aussortieren und Abtanzen mit der besten Freundin. Wenn das noch nicht reicht, dann stell dir vor, wie er im echten Leben funktionieren würde – oder eben auch nicht.

16. **Bleibe im echten Leben:** Offline casten und online daten sind gute Optionen, abwechslungsreich zu leben. Am idealsten ist es jedoch, wenn sich dein Date zu einem perfekten stabilen Lover mausert. Dann kannst du dich in deinem Jagdverhalten etwas zügeln und musst trotzdem nicht auf heiße Nächte verzichten. Das Gute daran ist, dass ihr euch – wie in einer echten Beziehung – besser kennenlernt und du dein Alarmsystem beim Sex runterfahren kannst.

17. **Genieße die Momente:** Natürlich nur die magischen – und speichere sie dir gut ein. Sie bilden ein Sicherheitsnetz für all die echten Herausforderungen, die das Leben so mit sich bringt. Denke nicht daran, was du morgen zu deinem jetzigen Gefühl sagen könntest,

und bewerte dich nicht aus der Perspektive spießiger Kollegen. Du bist im Hier und Jetzt. Was du in diesem Augenblick absahnst, gibt Energie und liefert gute Kalorien, die länger satt machen.

18. **Mache regelmäßig Selfies:** Mach immer dann, wenn du im Kontakt mit deinem Superwoman Feeling bist, ein kesses Foto von dir und aktualisiere deine Profilbilder. So kannst du rasch überprüfen, welches Foto besondere Resonanz findet, und gleichzeitig schöne Fotos von dir sammeln. Auch wirst du in trüben Tagen daran erinnert, wie sonnig und geil das Leben sein kann, und kommst besser durch die dunkle Jahreszeit.

19. **Gestalte deine Freizeit:** Falls du erst seit kurzem Single bist, plane deine Freizeit mit wiederkehrenden Fixterminen beim Yoga, Crossfit oder Joggen. Organisiere dein Wochenende rechtzeitig und sorge für Ausgewogenheit zwischen Zeit für dich allein und Aktivitäten mit Freundinnen. Auf diese Weise bist du nicht nur auf Bekanntschaften mit Testos versteift und kannst Leerzeiten besser wegstecken.

20. **Sei zuversichtlich:** Glaube weiterhin daran, dass dir Mr. Right früher oder später begegnen und für eine ernsthafte Beziehung bereit sein wird. Bleibe bis dahin auf der Spur nach ihm und baue unsere zwanzig Tipps regelmäßig in dein Leben ein.

# Und wie ging es weiter?

*Er: Bling, bling. Hey Wow-Frau. Danke fürs Match. Wie geht's dir? Was suchst du?*

*Wir: Hi ... gut. Bin gerade mit meiner Partyfreundin unterwegs. Melde mich morgen ☺.*

Welch freudige Überraschung! Das neue Match erfüllte die Mindestanforderungen mit links. Außerdem sah er wie ein Traum-Testo aus und beeindruckte uns durch seine Gentleman-Attitude.

Im Klartext verzichtete er auf billige Anmach-Sprüche, das Senden von Dick-Pics, Wasserpistolen-Videos und Stöhn-Botschaften, weshalb wir uns schon am nächsten Tag mit ihm zum Brunch verabredeten. Denn eins war klar: Dieser Testo war positiv anders! Außerdem wollten wir ihn nicht einer anderen zuspielen, sondern wenn, dann schon selbst vom Dating-Markt nehmen.

Leicht verspätet trafen wir in einem klassischen Wiener-Kaffeehaus ein. Wir wurden herzlich mit Küsschen links und Küsschen rechts begrüßt und bekamen weiche Knie, wegen seiner umwerfenden Ausstrahlung und den vielen Knister-Vibes. Nach einem großen Latte Macchiato normalisierte sich unser Puls und wir waren wieder in der Lage, unabgelenkt vom Wow-Faktor über das Leben und die Liebe zu philosophieren.

Und dann meinte er unerwartet: „Wir gehen jetzt." Er zahlte, nahm unsere Hand und flüsterte uns draußen zu: „Augen zu."

Dann lotste er uns von A nach B, bis er stehenblieb und meinte: „So, bitte aufsetzen und aufsitzen." Dabei reichte er uns einen Motorradhelm.

Und so passierte es, dass wir mit klopfendem Herzen hinter ihm auf seinem schnittigen Feuerstuhl Platz nahmen und uns fest um seinen Oberkörper schlangen. Wir spürten seinen Mega-Body ganz intensiv.

Berauscht vom Fahrtwind und seinem Testosteron zog die Welt an uns vorbei. Viel haben wir nicht davon mitbekommen, denn mental drehten wir schon unseren persönlichen, heißen Video-Clip im Eva und Adam-Look – er und wir als Hauptdarsteller.

Und kaum zu glauben, aber ja: Er blieb weiterhin charmant und zuverlässig im Kontakt und bald schon über Nacht, ohne uns mit ausgedachten Loseisersprüchen zu verlassen.

Nach kurzer Zeit schon fuhr er auch unser inneres Alarmsystem auf Null herunter, indem er uns wie eine First und nicht wie eine Reservelady behandelte.

Als wir einmal ohne ihn in unserem Lieblingsclub landeten, war die Sache glasklar: Nein danke! Wir haben derzeit keine Lust auf Flirten, Eingrooven zu Deep House und den perfekten Lover für eine Nacht.

Viel lieber schwingen wir uns im sorgsam erarbeiteten Superwoman Feeling auf den Sozius und freuen uns auf die vielen Ahs und Ohs mit unserem neuen Testo, der – tja, mit auffallend vielen Mr. Right-Attributen ausgestattet ist ...

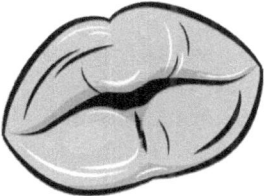

# Stechwortregister

Im folgenden Register haben wir für dich wichtige Begriffe notiert und erklärt. So kennst du dich im Dating-Dschungel besser aus und musst nicht – so wie wir einst – bei Null anfangen.

**Affäre**: Die kannst du auch mit einem fix vergebenen Mann haben. Ja, viele Kerle suchen online nach einem solchen Arrangement. Wir finden es jedoch besser, sich mit einem stabilen Lover für unbestimmte Zeit regelmäßig und exklusiv zu daten – ohne den mit einer externen Liebesbeziehung verbundenen Extra-Aufwand. Vorsicht: Aus einer Affäre kann auch Liebe werden!

**Affe**: Manchmal machen wir uns zum Affen, allerdings meinen wir hier selbstverständlich nur die Emoji-Äffchen, die uns unsere online und offline Dates bisweilen schicken. Sie tun das entweder nach dem Paarungsakt, nach der Solonummer mit sich selbst oder wenn sie uns kurzfristig versetzt haben.

**Ahs und Ohs**: Hier ist die Rede von heißen Berührungen und intergalaktischen Orgasmen, egal an welchem Ort und wodurch sie zustande kommen. Von ihnen kannst du nie genug bekommen, daher fordere sie hartnäckig ein und dressiere die Kerle in der Art, dass sie dich kommen lassen, bevor sie selbst Höhenflüge anstreben.

**Animation**: Sei vorsichtig und überlege, welche Fotos du von dir an wen verschickst. Die meisten mit etwas nackter Haut von dir dienen deinem Match nämlich als reine Masturbations-Vorlage. Mit sexy Pics im Gepäck verkürzen sich die meisten Kerle die Zeit bis zum Sex-Date.

**Antanzen**: Die Tanzfläche ist ideal für den ersten Körperkontakt. Auch wird hier festgestellt, ob es gutes Potenzial zum Eingrooven gibt. Probeknutschen folgt auf erfolgreiches Typ-Matchen, was wohlgemerkt erst das nächste Level darstellt.

**Bett-Akrobatik**: Abgesehen von deiner eigenen Ausdauer und Wendigkeit kommt es darauf an, wie dein Match unten bestückt ist und wie versiert er damit umgeht. Für Bett-Akrobatik ist es natürlich von Vorteil, wenn er unten kräftig gebaut und von großer Statur ist, das macht die Sache im wahrsten Sinne des Wortes umwerfender für dich. Hier gilt ein Spruch, den wir schon vor vielen Jahre hörten: Lang und schmal – Frauenqual, kurz und dick – Frauenglück. Lass ihn uns auf „lang und dick" abändern, schließlich sind wir keine 20 mehr und wissen, wie viel da unten reinpasst.

**Beuteschema**: Jede Frau hat ihren Typ Mann, auf den sie besonders abfährt. Bevorzugt sind es Bad Boys, die außer eingetütetem Sperma und einem Scherbenhaufen nichts hinterlassen. Vor allem nach einer langen Beziehung ist es für dich gut, genau zu prüfen, ob das männliche Idealbild, das du einmal hattest, tatsächlich noch erstrebenswert ist. Möglicherweise solltest du es ändern und dir genau das holen, was du bislang noch nicht hattest.

**Bumsen**: Ist immer noch ein Pfui-Wort für Sex haben. Doch wenn es ordentlich klatscht, dann ist es das. Für lauen Beischlaf solltest du andere, weniger starke Vokabel verwenden.

**Dick-Pics**: Auf einmal wird dein Smartphone oder der PC zur Sexfalle, denn du erhältst mitunter ungefragt Bilder seines „schönsten Stücks". Manche Männer stehen darauf, ihren elften Finger in allen möglichen Positionen und Zuständen zu versenden. Als Reaktion deinerseits bieten sich lustig finden, belästigt fühlen, ignorieren oder Profil melden an.

**Ego-Boost**: Manches lässt deinen Selbstwert wie ein Raketenstart in die Höhe schnellen. Eine Jeans, in der dein Po umwerfend wirkt, eine Gesichtsmaske, die dich frisch aussehen lässt, oder eine Nachricht mit vielen Kuss-Smileys und Rosen von deinem Herzschmerz-Mann bewirken beispielsweise einen Ego-Boost.

**Einsamer Wolf**: Finger weg! Das sind Männer, die ohne Rudel ausgehen, an der Bar stehen und mit einem Pokerface das Treiben beobachten. Sie sind frei von sozialer oder freundschaftlicher Kontrolle und werden auch zu dir keine Bindung aufbauen.

**Emojis**: Wir lieben sie, weil die kleinen Bilder Gefühle und Stimmungen so gut ausdrücken können und auch bei Sprachbarrieren die Kommunikation niederschwellig am Laufen halten. Im Dating-Dschungel erhältst du meistens einen sich die Hände vor die Augen haltenden Affen zum Vorspiel, nach dem Sex oder weil du versetzt worden bist. Eine Rose trudelt in der Anbaggerphase oder auch nach einer heißen Nacht ein.

**Entmystifizierung**: Passiert sekundenschnell, wenn aus deinem Hero wodurch auch immer ein Zero wird. Manchmal reicht es schon aus, wenn er ein allererstes „Hallo" sagt und seine piepsige Stimme jegliche Phantasie in einer Millisekunde zum Erliegen bringt.

**Express-F*cker**: Das sind Männer, die schnellen, unverbindlichen Sex auf der Toilette oder bei dir zu Hause einer Kennenlernphase vorziehen.

**Filmen**: Achte penibel darauf, dass er dich nicht in pikanten Situationen ohne dein Wissen filmt. Manche Männer prahlen auf Dating-Portalen oder im privaten Chat damit, heimlich aufgenommenes Material herzuzeigen. Wie prickelnd die Vorstellung für ihn auch sein mag – bestimmt willst du nicht diejenige sein, deren Material dann kursiert.

**Fischstäbchen**: Dein Match, egal ob online oder offline gecastet, bunkert dich wie ein Fischstäbchen im Tiefkühler? Er textet dich an, wenn es ihm in den Kram passt, und taut dich vorsorglich ein wenig auf für den Fall, dass er Hunger bekommt und nichts anderes im Haus ist. Vergiss den Typen, denn du weißt nie, ob du wieder eingefroren oder in echt gebrutzelt, sprich heißgemacht wirst. Eines ist sicher: Angetaute Tiefkühlware sollte man nicht mehr einfrieren, daher wirst auch du ungenießbar, wenn du wieder zurück in die Tiefkühlbox kommst und schon am Heißwerden warst. Als echtes Fischstäbchen hast du eine bessere Behandlung verdient. Such dir deshalb einen Mann mit Fritteuse und versichere dich, dass das Fett nicht nach altem Essen riecht.

**Flotter Dreier**: Nein, wir hatten noch keinen. Doch mal ehrlich: Spukt diese Sex-Konstellation nicht auch in deiner Phantasie herum? Er mit ihr und ihr oder sie mit zwei Männern – wenn mehr als zwei beteiligt sind, erhöht sich naturgemäß die Komplexität der Situation. Es braucht nicht nur einen geschützten Rahmen, um späteren Peinlichkeiten zu entgehen, sondern auch in höchstem Maße einfühlsame männliche Partner. Immerhin könntest du in die Situation kommen, zwei Gäste gleichzeitig in dir zu Besuch zu haben.

**Freifahrtschein**: Als Single oder wenn du in einer offenen Beziehung lebst, hast du definitiv einen Freifahrtschein für heiße Dates und Affären. Ob dein potenzieller Testo dann tatsächlich einen Passierschein mit Einfahrtsgenehmigung erhält, ist eine andere Sache.

**Gipfelkreuz**: In einem echten Kerl steckt ein Bergsteiger. Das bemerkst du spätestens dann, wenn dir bei gefühlt jedem dritten Online-Foto ein Gipfelkreuz mit heroischem Mann im Vordergrund entgegenspringt. Klar, wie alt die Fotos sind und ob der Typ in voller Montur auch wirklich dein Herzblatt ist, sei dahingestellt. Aber Fakt ist, dass sich echte Männer offenbar über die Besteigung eines gipfelkreuzwürdigen Berges identifizieren.

**Glorifizierung**: Sie passiert dann, wenn du dein Match idealisierst oder er dich. Du merkst es daran, dass er dich für die „schönste Frau auf der Welt" hält, dich „einzigartig" findet und dir gefühlvollste Nachrichten schickt, wenn du gerade offline und mit einem anderen beschäftigt bist. Je virtueller dein Kontakt zum Glorifizierungspartner bleibt, desto wahrscheinlicher ist, dass keine Entmystifizierung stattfindet.

**Gummiplatzer**: Ach du dickes Ei, eines der doofsten Dinge, die bei einem Sex-Date passieren können. Weil ein Gummiplatzer oder Gummiabrutscher früher oder später passieren wird, solltest du immer doppelt verhüten, um zumindest eine ungewollte Schwangerschaft zu verhindern. Falls du Sorge hast, dich mit einer Krankheit angesteckt zu haben, lass bei deinem Ladydoktor einen Abstrich machen und führe in einer Aids-Beratungsstelle einen kostenlosen und anonymen HIV-Test durch.

**Heiratsschwindler**: Diese Sorte Mann wird nie aussterben und immer eine Frau finden, die in einem schwachen Moment Bares verschenkt und dafür Wahres bekommt: Nämlich einen Betrüger, der ihr lieber das Geld aus den Taschen zieht als sie beim Date auszieht.

**Heroes**: All jene Männer, die es geschafft haben, dass wir ihnen nackt unsere volle Aufmerksamkeit schenkten, sind Heroes. Sie blieben uns in kribbeliger Erinnerung trotz manch hinterlassener Herzschmerz-Aktion.

**In Luft auflösen**: Das kann auch nach mehrfachem vorherigen Kontakt passieren. Ein besonders eigenartiges Gefühl bleibt immer dann, wenn du den Grund für sein Abtauchen nicht kennst. Vielleicht hat ja seine Frau mit Scheidung gedroht oder es wurde ihm das Smartphone aus der Hosentasche gestohlen. Oftmals wirst du die genaue Ursache nicht erfahren.

**Körper-Match**: Ein Match finden, es daten und mit ihm probeknutschen passiert meistens, bevor beide nackig und paarungsbereit sind. Doch wie intergalaktisch der Sex dann wird, hängt natürlich von der jeweiligen Sexpertise ab. Dabei ist es essenziell, die Körper harmonisch miteinander zu verbinden und wie von selbst den Rhythmus zu vielen Ahs und Ohs zu finden.

**Magische Momente**: Das sind jene Highlights, bei denen es live höllisch geknistert hat. Besonders schöne Momente mit unserem aktuell auserwählten Toyboy zählen auch dazu.

**Mogelpackungen**: Männer, die sich ihr Profilfoto von einem anderen scharfen Kerl borgen, sind Mogelpackungen. Obwohl sie den vielen positiven Eigenschaften des Vorlegers nicht ansatzweise entsprechen, hoffen sie, dass die von ihnen angemachten Frauen den klitzekleinen Etikettenschwindel nicht bemerken. Muchachos, veräppeln können wir uns selbst. Wer sich als Adonis ausgibt und als Nullaktie entpuppt, verdient eine megaschnelle Abfuhr.

**Muskelzwerge**: Männer, die wahrscheinlich häufiger das Fitness-Studio von innen als eine nackte Frau unter sich sehen, mutieren rasch zu Muskelprotzen. Sie sind meistens deutlich kleiner als der Durchschnitt, dafür besonders auftrainiert und egozentrisch in ihrem Auftreten. Hugahuga! Urwald-Gehabe war gestern und Hosen müssen unter der Last von Mega-Muckis nicht platzen. Wir finden einen Mann, zu dem wir aufschauen dürfen, definitiv attraktiver.

**Ohs**: Oh, die Orgasmen! Davon kann es nie genug geben.

**Party-Blues**: Das Stimmungstief, das dich nach einer durchtanzten, flirtintensiven Nacht mit Tarzan oder Zeus erwartet, ist eine ziemlich sichere Sache. Der Party-Blues ist dann besonders stark, wenn du zu tief ins Glas geschaut hast. Am besten bekommst du ihn mit viel Bewegung an der frischen Luft in den Griff. Ein Jammertelefonat mit deiner Partyfreundin hilft ebenfalls, denn auch sie hängt in den Seilen und geteiltes Leid ist halbes Leid.

**Passierschein**: Die Einfahrtserlaubnis in deine Liebeshöhle. Halte dich strikt an deine Mindestanforderungen und verteile deine Passierscheine sorgfältig.

**Performance**: Sie beinhaltet knutschen, fummeln und Sex mit Bett-Akrobatik. Natürlich hängt die Performance davon ab, wie gut Körper-Match und Typ-Matchen sind.

**Popospiele**: Aufregende, elektrisierende Berührungen und Küsse am Allerwertesten sowie Analsex solltest du mit dem perfekten Lover unbedingt ausprobieren. Voraussetzung dafür ist, dass du deinen Schließmuskel selber bedienen und hemmungslos öffnen kannst. Sonst gibt es Schmerzen, auch wenn er geilen Spaß in dir hat.

**Probeknutschen**: Dieser Test sollte immer stattfinden, bevor die Frage „Zu dir oder zu mir?" geklärt wird. Es gibt sich an deinen Lippen festbeißende und festsaugende Männer, die sich allein schon dadurch für das Bettgeflüster disqualifizieren. Probeknutschen ist nach dem Match das nächste Level, da es dir viel über das Feingefühl eines Mannes verrät und relativ ungefährlich ist.

**Putty-Call**: Wenn nachts das Telefon klingelt und es die Nummer von deinem heißen Date ist, weißt du, worum es geht: Er will einfach mal nachts bei dir reinplatzen und poppen.

**Reservelady**: Eine solche bist du, wenn der Kerl, auf den du stehst oder in den du verknallt bist, mit dir nicht so oft und so viel Zeit verbringen will wie du mit ihm. Du merkst es daran, dass er unverbindlich bleibt, Dates platzen lässt, aber dich immer wieder mit unerwarteten Nachrichten und Foto-Likes in den sozialen Netzwerken warmhält. Reservelady zu sein ist so lange ok, bist du deinen Herzschmerz überwunden und/oder einen stabilen Lover gefunden hast.

**Rose**: Dieses Emoticon bekommst du meistens in der Kontaktanbahnung mit einem online gecasteten Mann geschickt. Es dient als Ausdruck seiner huldvollen Verehrung. Die Rose wird auch gerne nach einem – für den Mann – freudig verlaufenen Sex-Date geschickt. Wie praktisch, früher musste man die Blumen noch beim Rosenverkäufer für 10 Euro kaufen.

**Safer Sex-Betrüger**: Das Masche wird auch Stealthing genannt. Männer ziehen bei einvernehmlichem Sex einfach beim Stellungswechsel das Kondom ab und feuern ungeschützt. Das ist angesichts übertragbarer Krankheiten und dem Risiko einer Schwangerschaft absolut schäbig und verantwortungslos.

**Sex-Chat**: Er passiert dann, wenn sich ein harmloser Dialog über Hobbies und Lieblingsserien recht schnell zu einem heißen Drehbuch entwickelt. Darin sagt er unverblümt, was er mit dir macht, und du reagierst darauf. Das geht meist so lange, bis er auf einmal deutlich länger zum Antworten braucht, weil er mit links schreibt und rechts Hand anlegt. Erstaunlich ist, dass viele Männer denken, wir würden bei einem Sex-Chat genau wie sie mit einem Orgasmus belohnt. Sorry Guys, aber es braucht etwas mehr als ein paar Worte und gelegentliches Fingerrubbeln, um uns zum Zerbersten zu bringen. Wir könnten jedenfalls nicht mehr tippen, wenn wir es uns live besorgen.

**Sex-Date**: Wenn du paarungswillig bist und dich mit einem (meist online gecasteten) Testo zum Treffen verabredest, passiert es vielleicht. Voraussetzung für den Sex ist, dass deine Mindestanforderungen und die Vibes passen und auch das Probeknutschen erstklassig ist. Freilich gibt es Männer, die sich gleich bei dir daheim oder bei ihnen zu Hause treffen wollen, ohne einander vorher zu beschnuppern. Unser Ding ist das nicht, denn sogar die meisten Tiere machen erstmal klar, wohin der Hase läuft.

**sexgeschädigt**: Das bist du, wenn du deinen Intimbereich extra für ein Date rasierst, wachst oder anderweitig enthaarst. In einer Partnerschaft geht es meist weniger geschniegelt und gestriegelt zur Sache, vor allem, wenn man sich den Alltag und damit auch Bad und Toilette teilt.

**Sexpertise**: Ja, unser Wissen über Bett-Akrobatik und Popospiele ist durch jede Performance erweitert worden und was wir da nicht angewandt haben, haben wir uns zumindest in dem einen oder anderen Sexratgeber oder You-Tube-Tutorial erworben. Sei dir sicher, auch deine Sexpertise steigt mit jedem Körperkontakt.

**Solonummer**: Du machst sie mit dir ganz alleine mit deinen Händen und deinen hoffentlich verschiedenen Sextoys, aber wir verstehen darunter auch das Alleine-nach-Hause-Kommen nach einer turbulenten Partynacht. Das solltest du dir regelmäßig gönnen.

**Sperrgebiet**: In der Eisprungzeit sollte deine Liebeshöhle ein Sperrgebiet für Männer sein. Besonders dann, wenn du nur mit Gummis verhütest.

**Stabiler Lover**: Er ist ein Mittelding zwischen Affäre und Freundschaft plus. Du bist Single und trotzdem belegt, weil du nur exklusiv mit ihm heiße Nächte während der Woche oder am Wochenende verbringst, ohne die mit einer Partnerschaft verbundenen Extras.

**Superwoman Code**: Dieser ist der Schlüssel zu unglaublich viel Spaß und Lebensfreude. Dazu definiere deine Eigenmarke, aktiviere dein Superwoman Feeling und lege dein Beuteschema und deine Mindestanforderungen fest. Umgib dich zusätzlich mit Frauenpower und einer Partyfreundin. Last but not least: Vertraue deinem Instinkt in allen Lebenslagen.

**Superwoman Feeling**: Das ist eines der besten Gefühle – neben einem bombastischen Orgasmus –, das man in sich spüren kann. Denn mit dem Superwoman Feeling bist du in Kontakt mit deiner besten Seite und fühlst dich selbstbewusst, glücklich und stark.

**Teaser**: Ein solcher ist eine kurze Nachricht, die den Fokus wieder auf Mr. X lenkt, obwohl er zwischenzeitlich in der Versenkung verschwunden ist und man in Sachen Vergessen bereits Fortschritte gemacht hat. Ein solcher Teaser bietet unnötig viel Raum für Verwirrung und Herzschmerz. Manchmal zeigt er aber auf, dass Mr. X wohl selbst eine Durststrecke zu bewältigen hat und dringend eine Reservelady nötig hat.

**Testo**: Das ist ein muskelbepackter, athletischer Mann mit umwerfender Ausstrahlung. Ein Testo aktiviert deine Libido und du hast nur noch den Wunsch, dich mit ihm zu paaren, und zwar mit möglichst viel Bett-Akrobatik. Wenn dir ein solcher Mann über den Weg läuft, sorge dafür, dass er sich nur gemeinsam mit dir vom Acker macht.

**Typ-Matchen**: Das bedeutet, dass du beim Tanzen überprüfst, ob sich eure Körper im Einklang zur Musik bewegen können. Dieser Test ist essenziell, denn mit einem stocksteifen Kerl wirst du dich bestimmt nicht heißblütig im Seidenlaken wälzen. Genauso wenig wirst du dich mit einem paaren, der ferngesteuert und ohne Taktgefühl dahintrottet.

**Vibes**: Damit ist das online Flirren und Knistern in einem Live-Kontakt gemeint. Je mehr, desto besser ist die Grundlage für eine heiße Performance.

**Wow-Faktor**: Er beschreibt beim männlichen Geschlecht das Aussehen, die Ausstrahlung, das Benehmen, die Stimme, die Bewegung, die Körpersprache und den Geruch. Diese Aspekte solltest du beim Testo-Scan unbedingt berücksichtigen.

**Zeros**: Das sind Männer, die sich für die Bett-Akrobatik im Seidenlaken disqualifiziert haben. Wegen ausbleibendem Flirren in der Luft bei offline Dates oder furzlangweiligem online Chat.

# Von der Jagd zur Beute

Im Jagdmodus musst du deine Beute auf dem Radar haben, sonst wird das nichts mit dem Erlegen. Damit du nicht planlos losziehst oder unnötig viel Zeit online verschwendest, richten wir jetzt den Scheinwerfer auf dich. So bleibst du dir selbst treu und fokussiert.

Im Folgenden kannst du auch deine Erfahrungen damit, wie es ist, als Schmetterling von einer Blume zur anderen zu fliegen, verewigen. Noch dazu, ohne in eines dieser dicken Tagebücher mit den vielen leeren Seiten schreiben zu müssen. Oder willst du etwa reihenweise Eroberungen schaffen, was für Casanova zwar cool war, zu deiner Liebesvita aber nicht passen würde?

**Unser Tipp**: Falls du mehr auf Bett-Akrobatik als auf Babybrei stehst, verwalte deinen Zyklus-Kalender sorgfältig bzw. achte gewissenhaft auf die Einnahme der Verhütungspille oder andere weibliche Verhütungsmaßnahmen – trotz Gummi-Pflicht. Denn doppelt hält besser.

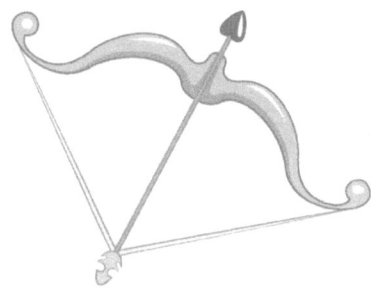

# Dein Superwoman Feeling

Das kannst du alles tun, um dein Superwoman Feeling hochzufahren:

# Deine Mindestanforderungen

Für ein Date mit einem online gecasteten Lover:

Für ein Tête-à-Tête mit einem offline gecasteten Lover:

# Deine Ziele

---

Deine Ziele beim Online-Casting:

---

Deine Ziele beim Offline-Casting:

---

Deine Ziele beim Flirten:

---

Deine Ziele beim Daten:

---

Deine Ziele für das Bettgeflüster:

---

Deine Ziele für ein zufälliges Wiedersehen:

---

# Dein Anti-Party-Blues-Programm

Diese Dinge helfen dir, den Party-Blues in
After-Party-Power umzuwandeln:


# Dein Anti-Herzschmerz-Programm

Diese Dinge helfen dir, dein durchlöchertes
Herz wieder heil zu machen:

# Dein Applaus

Dein Applaus geht an die Heroes, weil ...

---

Herzlichen Dank sagst du all deinen Zeros, weil ...

# Deine Highlights

Diese Erlebnisse zählen zu deinen Highlights und davon wirst du, wenn du alt bist, auch noch mit einem sanften Lächeln im Gesicht schwärmen:

# Deine Heroes

Hier findest du Hero-Symbole zum Ausschneiden und Aufkleben.

# Deine Zeros

Hier findest du Zero-Symbole zum Ausschneiden und Aufkleben

# Ausfüllanleitung

**7.** Such dir ein oder mehrere passende Symbole zum Ausschneiden und Einkleben aus. Du findest sie auf den beiden vorhergehenden Seiten.

**6.** Entscheide dich: War das Lover-Level „HERO" oder „ZERO"?

**1.** Reserviert für den passenden (Spitz-)Namen deines Lovers.

**2.** Jetzt geht's ans Eingemachte! Wo hast du deinen Lover kennengelernt, ONLINE im Internet oder OFFLINE im echten Leben?

**3.** Male dann die Symbole an. Je mehr angemalte Symbole, desto heißer war dein Date.

**4.** Erzähle hier, wie sich was ereignet hat, und halte eure Story für die Nachwelt fest.

👁 **Wow-Faktor**: umfasst Aussehen, Ausstrahlung, Benehmen, Stimme, Bewegung, Körpersprache und Geruch.

♡ **Vibes**: beziehen sich auf Online-Flirren und Live-Knistern.

👄 **Performance**: meint Knutschen, Fummeln und Sex mit Bett-Akrobatik.

💧 **Oh-Faktor**: steht für bombastische, intergalaktische, kribbelige Gänsehaut machende Körpersensationen und Orgasmen.

🦢 **Magischer Moment**: erfasst das Vorkommen an wundervollen, zauberhaften und erinnerungswürdigen Momenten der Begegnung.

**5.** Bring es auf den Punkt! Hier findest du Platz für dein Lover-Fazit in wenigen Worten.

**Symbol:**

**Name:** Die Currywurst

- **Gecastet**  online ☐  offline ☒
- **Wow-Faktor**
- **Vibes**
- **Performance**
- **Oh-Faktor**
- **Magischer Moment**

**Story:**

Völlig unerwartet durchkreuzte er unsere Pläne, denn eigentlich hätte es nur ein lustiger Abend werden sollen mit Kino und quatschen beim Schnellimbiss. Doch dann erspähten wir ihn beim Biss in die Currywurst - und er uns. Feurig um die Lippen ging es noch vor Ort im direkten Körpereinsatz weiter, doch so himmlisch scharf wie der erste Kuss war kein weiterer mehr. Ganz ehrlich: Wir passten nicht in sein Leben und er nicht in unseres.

**Kurz gesagt:** Was nicht passt, kann eben doch nicht passend gemacht werden. Wer hat schon jeden Tag Lust auf Currywurst.

**Symbol:**

**Name:**

- **Gecastet**          online ☐     offline ☐
- **Wow-Faktor**        👁 👁 👁 👁 👁 👁 👁 👁 👁 👁
- **Vibes**             ♡ ♡ ♡ ♡ ♡ ♡ ♡ ♡ ♡ ♡
- **Performance**       👄 👄 👄 👄 👄 👄 👄 👄 👄 👄
- **Oh-Faktor**         💧 💧 💧 💧 💧 💧 💧 💧 💧 💧
- **Magischer Moment**  🦢 🦢 🦢 🦢 🦢 🦢 🦢 🦢 🦢 🦢

**Story:**

**Kurz gesagt:**

**Symbol:**

**Name:**

- **Gecastet**     online ☐    offline ☐
- **Wow-Faktor**   👁 👁 👁 👁 👁 👁 👁 👁 👁 👁
- **Vibes**        ♡ ♡ ♡ ♡ ♡ ♡ ♡ ♡ ♡ ♡
- **Performance**  👄 👄 👄 👄 👄 👄 👄 👄 👄 👄
- **Oh-Faktor**    💧 💧 💧 💧 💧 💧 💧 💧 💧 💧
- **Magischer Moment** 🦢 🦢 🦢 🦢 🦢 🦢 🦢 🦢 🦢 🦢

**Story:**

**Kurz gesagt:**

**Symbol:**

**Name:**

- **Gecastet**          online ☐     offline ☐
- **Wow-Faktor**        👁 👁 👁 👁 👁 👁 👁 👁 👁 👁
- **Vibes**             ♡ ♡ ♡ ♡ ♡ ♡ ♡ ♡ ♡ ♡
- **Performance**       👄 👄 👄 👄 👄 👄 👄 👄 👄 👄
- **Oh-Faktor**         💧 💧 💧 💧 💧 💧 💧 💧 💧 💧
- **Magischer Moment**  🦢 🦢 🦢 🦢 🦢 🦢 🦢 🦢 🦢 🦢

**Story:**

**Kurz gesagt:**

## Symbol:

## Name:

- **Gecastet**  online ☐   offline ☐
- **Wow-Faktor**  👁 👁 👁 👁 👁 👁 👁 👁 👁 👁
- **Vibes**  ♡ ♡ ♡ ♡ ♡ ♡ ♡ ♡ ♡ ♡
- **Performance**  👄 👄 👄 👄 👄 👄 👄 👄 👄 👄
- **Oh-Faktor**  💧 💧 💧 💧 💧 💧 💧 💧 💧 💧
- **Magischer Moment**  🦢 🦢 🦢 🦢 🦢 🦢 🦢 🦢 🦢 🦢

## Story:

## Kurz gesagt:

**Symbol:**

**Name:**

- **Gecastet**            online ☐    offline ☐
- **Wow-Faktor**          ◉ ◉ ◉ ◉ ◉ ◉ ◉ ◉ ◉ ◉
- **Vibes**               ♡ ♡ ♡ ♡ ♡ ♡ ♡ ♡ ♡ ♡
- **Performance**         👄 👄 👄 👄 👄 👄 👄 👄 👄 👄
- **Oh-Faktor**           💧 💧 💧 💧 💧 💧 💧 💧 💧 💧
- **Magischer Moment**    🦢 🦢 🦢 🦢 🦢 🦢 🦢 🦢 🦢 🦢

**Story:**

**Kurz gesagt:**

**Symbol:**

**Name:**

- **Gecastet**         online ☐    offline ☐
- **Wow-Faktor**       ◎ ◎ ◎ ◎ ◎ ◎ ◎ ◎ ◎ ◎
- **Vibes**            ♡ ♡ ♡ ♡ ♡ ♡ ♡ ♡ ♡ ♡
- **Performance**      👄 👄 👄 👄 👄 👄 👄 👄 👄 👄
- **Oh-Faktor**        ◊ ◊ ◊ ◊ ◊ ◊ ◊ ◊ ◊ ◊
- **Magischer Moment** 🦢 🦢 🦢 🦢 🦢 🦢 🦢 🦢 🦢 🦢

**Story:**

**Kurz gesagt:**

**Symbol:**

**Name:**

- **Gecastet**          online ☐    offline ☐
- **Wow-Faktor**        👁 👁 👁 👁 👁 👁 👁 👁 👁 👁
- **Vibes**             ♡ ♡ ♡ ♡ ♡ ♡ ♡ ♡ ♡ ♡
- **Performance**       👄 👄 👄 👄 👄 👄 👄 👄 👄 👄
- **Oh-Faktor**         💧 💧 💧 💧 💧 💧 💧 💧 💧 💧
- **Magischer Moment**  🦢 🦢 🦢 🦢 🦢 🦢 🦢 🦢 🦢 🦢

**Story:**

**Kurz gesagt:**

**Symbol:**

---

**Name:**

---

- **Gecastet**      online ☐   offline ☐
- **Wow-Faktor**    👁 👁 👁 👁 👁 👁 👁 👁 👁 👁
- **Vibes**         ♡ ♡ ♡ ♡ ♡ ♡ ♡ ♡ ♡ ♡
- **Performance**   👄 👄 👄 👄 👄 👄 👄 👄 👄 👄
- **Oh-Faktor**     💧 💧 💧 💧 💧 💧 💧 💧 💧 💧
- **Magischer Moment** 🦢 🦢 🦢 🦢 🦢 🦢 🦢 🦢 🦢 🦢

---

**Story:**

---

**Kurz gesagt:**

---

**Symbol:**

**Name:**

- **Gecastet**      online ☐    offline ☐
- **Wow-Faktor**    👁 👁 👁 👁 👁 👁 👁 👁 👁 👁
- **Vibes**         ♡ ♡ ♡ ♡ ♡ ♡ ♡ ♡ ♡ ♡
- **Performance**   👄 👄 👄 👄 👄 👄 👄 👄 👄 👄
- **Oh-Faktor**     💧 💧 💧 💧 💧 💧 💧 💧 💧 💧
- **Magischer Moment** 🦢 🦢 🦢 🦢 🦢 🦢 🦢 🦢 🦢 🦢

**Story:**

**Kurz gesagt:**

## Symbol:

## Name:

- **Gecastet**  online ☐   offline ☐
- **Wow-Faktor**  👁 👁 👁 👁 👁 👁 👁 👁 👁 👁
- **Vibes**  ♡ ♡ ♡ ♡ ♡ ♡ ♡ ♡ ♡ ♡
- **Performance**  👄 👄 👄 👄 👄 👄 👄 👄 👄 👄
- **Oh-Faktor**  💧 💧 💧 💧 💧 💧 💧 💧 💧 💧
- **Magischer Moment**  🕊 🕊 🕊 🕊 🕊 🕊 🕊 🕊 🕊 🕊

## Story:

## Kurz gesagt:

## Symbol:

## Name:

- **Gecastet** online ☐ offline ☐
- **Wow-Faktor** 👁 👁 👁 👁 👁 👁 👁 👁 👁 👁
- **Vibes** ♡ ♡ ♡ ♡ ♡ ♡ ♡ ♡ ♡ ♡
- **Performance** ⌒ ⌒ ⌒ ⌒ ⌒ ⌒ ⌒ ⌒ ⌒ ⌒
- **Oh-Faktor** 💧 💧 💧 💧 💧 💧 💧 💧 💧 💧
- **Magischer Moment** 🦢 🦢 🦢 🦢 🦢 🦢 🦢 🦢 🦢 🦢

## Story:

## Kurz gesagt:

**Symbol:**

**Name:**

- **Gecastet** online ☐ offline ☐
- **Wow-Faktor** 👁 👁 👁 👁 👁 👁 👁 👁 👁 👁
- **Vibes** ♡ ♡ ♡ ♡ ♡ ♡ ♡ ♡ ♡ ♡
- **Performance** 👄 👄 👄 👄 👄 👄 👄 👄 👄 👄
- **Oh-Faktor** 💧 💧 💧 💧 💧 💧 💧 💧 💧 💧
- **Magischer Moment** 🦢 🦢 🦢 🦢 🦢 🦢 🦢 🦢 🦢 🦢

**Story:**

**Kurz gesagt:**

**Symbol:**

**Lover-Level HERO** ⚥    **Lover-Level ZERO** 🐵

---

**Name:**

---

- **Gecastet**         online ☐   offline ☐
- **Wow-Faktor**       👁 👁 👁 👁 👁 👁 👁 👁 👁 👁
- **Vibes**            ♡ ♡ ♡ ♡ ♡ ♡ ♡ ♡ ♡ ♡
- **Performance**      👄 👄 👄 👄 👄 👄 👄 👄 👄 👄
- **Oh-Faktor**        💧 💧 💧 💧 💧 💧 💧 💧 💧 💧
- **Magischer Moment** 🦢 🦢 🦢 🦢 🦢 🦢 🦢 🦢 🦢 🦢

---

**Story:**




















---

**Kurz gesagt:**

---

**Symbol:**

---

**Name:**

---

- **Gecastet**          online ☐    offline ☐
- **Wow-Faktor**        👁 👁 👁 👁 👁 👁 👁 👁 👁 👁
- **Vibes**             ♡ ♡ ♡ ♡ ♡ ♡ ♡ ♡ ♡ ♡
- **Performance**       👄 👄 👄 👄 👄 👄 👄 👄 👄 👄
- **Oh-Faktor**         💧 💧 💧 💧 💧 💧 💧 💧 💧 💧
- **Magischer Moment**  🦢 🦢 🦢 🦢 🦢 🦢 🦢 🦢 🦢 🦢

---

**Story:**

---

**Kurz gesagt:**

---

**Symbol:**

**Name:**

- **Gecastet**       online ☐    offline ☐
- **Wow-Faktor**     👁 👁 👁 👁 👁 👁 👁 👁 👁 👁
- **Vibes**          ♡ ♡ ♡ ♡ ♡ ♡ ♡ ♡ ♡ ♡
- **Performance**    👄 👄 👄 👄 👄 👄 👄 👄 👄 👄
- **Oh-Faktor**      💧 💧 💧 💧 💧 💧 💧 💧 💧 💧
- **Magischer Moment** 🦢 🦢 🦢 🦢 🦢 🦢 🦢 🦢 🦢 🦢

**Story:**

**Kurz gesagt:**

**Symbol:**

---

**Name:**

---

- **Gecastet**     online ☐    offline ☐
- **Wow-Faktor**    👁 👁 👁 👁 👁 👁 👁 👁 👁 👁
- **Vibes**    ♡ ♡ ♡ ♡ ♡ ♡ ♡ ♡ ♡ ♡
- **Performance**    👄 👄 👄 👄 👄 👄 👄 👄 👄 👄
- **Oh-Faktor**    💧 💧 💧 💧 💧 💧 💧 💧 💧 💧
- **Magischer Moment**    👼 👼 👼 👼 👼 👼 👼 👼 👼 👼

---

**Story:**




**Kurz gesagt:**

---

**Symbol:**

**Name:**

- **Gecastet**  online ☐  offline ☐
- **Wow-Faktor**  👁 👁 👁 👁 👁 👁 👁 👁 👁 👁
- **Vibes**  ♡ ♡ ♡ ♡ ♡ ♡ ♡ ♡ ♡ ♡
- **Performance**  👄 👄 👄 👄 👄 👄 👄 👄 👄 👄
- **Oh-Faktor**  💧 💧 💧 💧 💧 💧 💧 💧 💧 💧
- **Magischer Moment**  🦢 🦢 🦢 🦢 🦢 🦢 🦢 🦢 🦢 🦢

**Story:**

**Kurz gesagt:**

**Symbol:**

**Name:**

- **Gecastet**    online ☐    offline ☐
- **Wow-Faktor**    👁 👁 👁 👁 👁 👁 👁 👁 👁 👁
- **Vibes**    ♡ ♡ ♡ ♡ ♡ ♡ ♡ ♡ ♡ ♡
- **Performance**    👄 👄 👄 👄 👄 👄 👄 👄 👄 👄
- **Oh-Faktor**    🔥 🔥 🔥 🔥 🔥 🔥 🔥 🔥 🔥 🔥
- **Magischer Moment**    🦢 🦢 🦢 🦢 🦢 🦢 🦢 🦢 🦢 🦢

**Story:**

**Kurz gesagt:**

# Making of

**Eva** bleibt ihren Mindestanforderungen für ein Date in jeder Lebenslage treu. Außer im Bett, denn liegend sind auch 175-Zentimeter-Kerle groß genug zum Gernhaben. Kaum zu glauben: Vor einer Weile noch war Eva zutiefst davon überzeugt, für immer und ewig ohne männliche Gesellschaft auskommen zu müssen. Doch dank des neu entdeckten Superwoman Feelings, einschlägigen Dating-Apps sowie spontanen Offline-Castings kann sie inzwischen nur milde über ihre Spießer-Vergangenheit lächeln und ihrem alten Ich den Vogel zeigen.

**Mirella** hatte nach der Reproduktionsphase ganz schön heavy mit ihrem neuen, auf pure Lust ausgerichteten Frausein zu kämpfen. Statt Schwangerschaftsstreifen zu pflegen und Babylätzchen zu waschen, im Sportverein das Buffet zu bestücken und Mütterkränzchen auszurichten, achtete sie auf einmal hauptsächlich auf die hormongeschwängerten Ausdünstungen echter Männer: das Zaubermittel Testosteron.

Früher waren Eva und Mirella auch einmal im Jammern und Klagen Weltmeisterinnen. An einem launigen Abend entschlossen sie sich, dies ab sofort zu ändern, und gingen im dichten Männer-Dschungel auf die Jagd. Und zwar im wahrsten Wortsinn, denn Premiere feierten sie mit einem wilden Bären.

Nach und nach teilten sie alle ober- und unterirdischen Erfahrungen miteinander und beschlossen, schwesterlich in Wir-Form zu schreiben. Denn längst ließ sich nicht mehr auseinanderdividieren, welche von beiden wen vernascht, sich bloß die Geschichten über ihn reingezogen oder ihn ganz einfach dazuphantasiert hatte.

**Dein Verlag** für gewisse Stunden.

editionriedenburg.at

www.ingramcontent.com/pod-product-compliance
Lightning Source LLC
Chambersburg PA
CBHW030826230426
43667CB00008B/1395